KANTU ZOUTIANXIA CONGSHU

Zoujin Shijie Zhuming Gongdian

走进世界著名

宫殿

本丛书编委会 编

看图走天下丛书

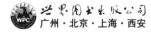
世界图书出版公司
广州·北京·上海·西安

图书在版编目（CIP）数据

走进世界著名宫殿/《看图走天下丛书》编委会编．
广州：广东世界图书出版公司，2009.9（2024.2重印）
（看图走天下丛书）
ISBN 978－7－5100－0697－5

Ⅰ．走… Ⅱ．看… Ⅲ．宫殿—世界—青少年读物 Ⅳ．
K917－49

中国版本图书馆 CIP 数据核字（2009）第 146672 号

书　　名	走进世界著名宫殿	
	ZOUJIN SHIJIE ZHUMING GONGDIAN	
编　　者	《看图走天下丛书》编委会	
责任编辑	韩海霞	
装帧设计	三棵树设计工作组	
出版发行	世界图书出版有限公司　世界图书出版广东有限公司	
地　　址	广州市海珠区新港西路大江冲 25 号	
邮　　编	510300	
电　　话	020-84452179	
网　　址	http://www.gdst.com.cn	
邮　　箱	wpc_gdst@163.com	
经　　销	新华书店	
印　　刷	唐山富达印务有限公司	
开　　本	787mm×1092mm　1/16	
印　　张	10	
字　　数	120 千字	
版　　次	2009 年 9 月第 1 版　2024 年 2 月第 13 次印刷	
国际书号	ISBN　978-7-5100-0697-5	
定　　价	48.00 元	

前　　言

　　宫殿泛指帝王居住的高大华美的房屋，它几乎也是政治和权力中心的象征，如克里姆林宫和白宫。宫殿根据各国的环境情况而被设计成不同式样，如欧洲的宫殿不少被设计成城堡的样式，亚洲的宫殿有些设计成寺庙的样式，但有一点却是它们共同的特点：它们都是大型的园林建筑或建筑群，以行宫、花园等组成；是帝王和贵族官员等居住和工作、甚至寻乐的地方。这些宫殿是当时统治阶段权力的一种空间体现，它们高大雄伟，巍峨壮丽、富丽堂皇，给人一种威慑的感觉。

　　有人说建筑是凝固的音乐。而宫殿可以说是任何一个国家与民族建筑的代表，各个国家、各个朝代的国王都试图将自己的宫殿建得尽可能奢华，这些宫殿代表了这些国家与民族在一定时期内的建筑水平。因此可以说，宫殿是艺术和时间的结合体。

　　总有那么一些宫殿，例如美国的白宫、英国的白金汉宫、法国的爱丽舍宫、俄罗斯的克里姆林宫、中国的故宫等仿佛能够吸引世人的眼球和关心。

　　这里是政治权力的中心，国家的象征，许多历史在这里上演，许多大事在这里发生，甚至这里的风吹草动都能引发世界政治格局。

　　这里，不仅拥有着君临天下的王者之气，也拥有自己独特的情调。

稀世珍品都都在这里汇集。

这里活跃着不少重要人物，它见证了这些名人、伟人的光荣与梦想，也知道他们许多的趣闻轶事。

这里接待过四方宾朋，裙裾令人眼花缭乱，礼仪令人典雅温文，国宴令人食欲大增，这里有豪华的大万镀金摆银，五光十色的长廊使人双眼迷蒙，漂亮的花园让人迷醉，蜿蜒的路径让人不知所踪……

这是一本关于世界最伟大的宫殿的书，这些精美绝伦的建筑，至今仍影响着我们对建筑的想象力，而且在绘画、雕塑以及音乐、文学等领域也有着非同一般的影响力。我们选择与这些伟大建筑有关的最新材料，力争以较小的篇幅容纳尽可能多的资讯以飨读者。

目　录

金　宫（罗马）

　　文艺复兴前，有个罗马人，走在山路上不小心跌了一跤掉进一个大坑，待他醒过神来，发现那不是一般的山洞，四壁竟然画满色彩斑斓的图案，有花草虫鱼、飞禽走兽、装饰性的几何线条，更有宽袍大袖的男女人像，在墙面上凝视着他！

　　他哪知道这就是古罗马著名的暴君尼禄建造的那个著名的地下宫殿——金宫！

　　金宫是于公元68年初步建成，总面积达80万平方米。那时房间里曾经布满金叶、宝石、象牙装饰，地板和墙上都镶嵌着壁画。因为使用了大量的黄金，这座皇宫才被称作"金宫"。单就规模而言，金宫比世界现存最大的宫殿建筑群——北京紫禁城（总面积为72万平方米），还要大将近十分之一。

　　金宫有100多个大厅，总占地面积将近130公顷，从凯里安丘岗延伸到奥古斯丁广场，从帕拉廷到米岑纳特园林，相当于把巴黎的卢浮宫、图伊勒里宫和爱丽舍田园大街加在一起。当这座建筑竣工的时候，尼禄这样说："我终于可以过上人的日子了！"难怪古代历史学家和作家们把他描述成专制暴君和极度荒淫无耻、杀害亲生母亲的冷血刽子手、冷酷无情而又厚颜无耻的利己主义者以及嗜血成性者。因此，欧洲各民族一想到尼禄的名字就会想到他变态的残酷和专制，他的名字甚至已经成了一个表示残暴意义的普通名词。

很多大厅的墙上都有艺术家法布尔的绘画。这些壁画要么是作为剧院的装饰画，要么就是表现希腊悲剧中的场景。一些房间的墙上画的是表现神话中英雄人物奇遇题材的画；另一些房间画的是城乡风景，或者干脆是臆想出来的风景，画中有奇异的鸟儿、神话中的怪物或凶猛的恶魔。

短命的暴君尼禄在公元 64 年罗马的一场大火后趁机兴建了奢华的金宫，但这座宫殿又离奇地毁于 40 年后的一场大火。在切利奥和帕拉蒂诺两丘之间，还能看到金宫废墟——宫殿和豪宅只剩赤裸的骨架，像巨大的恐龙化石一样立在山顶上。

在遗址现存的 9290 平方米的面积内，有 300 多个房间，现已发掘出 150 间，开放给游客参观的只有 32 间。其房间的面积大小不一，大的超过 100 平方米，小的仅容转身。房间排序也是杂乱无章，似乎在显示那个时代所遭受的灾难。金宫的八角大厅是遗址的代表性作品，为一个袖珍型的神庙。神庙内部灰暗，但建筑的空间结构非常精美，反映出当时主人的品位和社会地位。遗址中还有一条 30 米长的狭窄通道，拱顶表面不时有渗水的迹象，阴冷潮湿，步入其中，感觉非常恐怖。走廊和房间相互连接，阴暗的厅堂壁凿有窗眼，因此而漏进几许阳光。

"金宫"的建成，得益于一场火灾。

公元 64 年 7 月，罗马爆发原因不明的特大火灾，一连烧了 9 天，大火摧毁了罗马 14 个城区中的 7 个，还有 3 个遭到严重破坏。据苏维托尼乌斯、塔西佗、迪奥·卡西乌斯等史家揭露，这场大火使尼禄心花怒放，火焰的绚丽景象激起了他的艺术冲动，他穿上戏装，登上一处高塔，一边观赏大火一边高唱"特洛伊的陷落"——燃烧的城市被他当成了天然舞台，即兴表演起荷马史诗里的段子。罗马人见尼禄如此幸灾乐祸，便纷纷传说放火者就是皇帝本人。

而尼禄后来的所作所为，也似乎在为这传言增加可信度——借焚城之机，尼禄把大片居民区据为己有，斥以巨资，在焦土上新建了一座皇宫，即为"金宫"。

大多数史学家都附和指控者，认为尼禄是纵火者，但以严谨著称的塔西佗却说："不一定。"他认为大火只是给了尼禄一个大兴土木的机会，而他之所以要大兴土木，乃是因为其在审美情趣上的需要。塔西佗的《编年史》中揭示了一件有趣之事：火灾后的建设不仅包括尼禄的"金宫"，也包括未被皇宫占据的地区——罗马城的布局在火灾前是随意、零乱的，尼禄规定，重建时房屋和街道必须测量好再建，要留出宽阔的道路，建筑物的高度也有限制，还要留出空地以及在民房前面加筑柱廊，用来遮阴挡雨。尼禄甚至提出用自己的钱来承修这些柱廊，对在一定期限内完成加修柱廊的业主还有奖励！

他还规定，新建筑一律得用坚固的、不加木结构的、有特殊防火性能的石料砌成。

可以说，在旧城改造上，尼禄是个颇有见地的规划者。火灾之所以使他欢欣鼓舞，是因为罗马就此成为一张白纸，可以供他随心所欲地添加更新更美的图画。

关于"金宫"，塔西佗写道："这座宫殿的出奇之处并不在于那些司空见惯的和已经显得庸俗的金雕玉砌，而在于野趣湖光，林木幽邃，间或旷境别开，风物明朗。"这段话又把尼禄说成了一个颇具鉴赏力的风雅之士。18 世纪德国美术史家温克尔曼认为，"金宫"出土的《拉奥孔》雕塑是古希腊"高贵的单纯、静穆的伟大"之艺术精神的代表作。由此，也

古罗马暴君尼禄

可窥见尼禄艺术鉴赏力的一斑。

　　值得一提的是，尼禄在新皇宫正门外竖起了一尊37.2米高的巨像，形象正是他本人扮成太阳神的模样。这座巨像模仿了世界七大奇迹之一的罗德斯岛巨像，甚至比后者还要高出几米。尼禄"做人"的定义是：成为至高无上的太阳神。

　　真实的"金宫"究竟豪华到了何等程度？为罗马皇帝作传的苏维托尼乌斯是这样"报道"的："门廊如此之高大，足以容纳一尊120罗马尺（37.2米）高的尼禄巨像；殿厅如此之宽广，仅三排柱廊就有1罗马里（约1500米）长。池塘像海一样宽，岸边楼房之多宛如一座城市。四周装点着耕田、葡萄园、牧场、林苑，各类家畜、野兽四处游荡。宫殿的全部厅堂皆镶以黄金、宝石和珠贝，餐厅装有可旋转的象牙天花

尼禄金宫里的正八边形主厅遗址一隅

板，并设有孔隙，可从顶上洒下鲜花、香水。正厅呈圆形，像天空那样日夜不停地旋转。海水和矿泉水在浴池中奔涌不息。尼禄就是以这样的方式建成了宫殿，举行落成典礼时他赞叹道：'我终于开始像人一样地生活了！'"——《罗马十二帝王·尼禄传》

　　苏氏的描述虽不可尽信，但他的一番话，却也给后人留下了对金宫无穷的想象余地，在这些文字之中，追忆其昔日的辉煌。

　　古罗马诗人奥维德在《变形记》中说："时间吞噬一切。"金宫"剪彩"不到一年，罗马帝国境内已是狼烟四起——高卢、西班牙省群起反叛，尼禄最终被一位获得自由的奴隶结果了自己的性命。临死时，尼禄惋叹道："一位多么出色的艺术家死去了！"

　　在历史的河流中，建筑和相关的自然景观往往被当作人的记忆及意识形态的承载物——暴君死后，不言而喻，与其有关的建

"金宫"出土的《拉奥孔》雕塑

筑、景观将要面临的必然命运就是：被破坏、涂改，甚至彻底从历史上抹掉。

　　这项工作，尼禄的继任者们不遗余力地干了40年。

　　维斯西巴安皇帝（69～79年在位）填掉了那片"海一样辽阔"的人工湖，在它上面建起一座大角斗场，所有的罗马自由民都可以在这新的"宫殿"里观看奴隶与动物以及奴隶与奴隶的杀戮表演。维斯西巴安

的举措不啻是一项旗帜鲜明的宣言：让暴君的宫殿回到人民手中，娱乐人民。

尼禄死后10年内，金宫内的黄金、大理石、象牙、珠宝已被剥除殆尽。

提图斯（79～81年在位）和图拉真皇帝（98～117年在位）进一步把金宫所在的那部分城市版图还之与民。两位皇帝先后各造起一座公共浴场，以"金宫"的构造作为浴场的地基，把金宫的残余部分压在下面——这无疑也是一种政治姿态。

千百年过去了，提图斯和图拉真大浴场也变成了废墟，只留下几堵破败的砖墙，而压在下面"永世不得翻身"的尼禄金宫竟然因一个人偶然的失足而得以重见天日。

2005年12月，由于担心洪水侵蚀造成遗迹坍塌，意大利政府关闭了金宫。经过一年多的修缮加固，金宫于2007年1月30日重新向公众开放。

美泉宫（奥地利）

　　美泉宫（又音译作申布伦宫）是坐落在奥地利首都维也纳西南部的巴洛克艺术建筑，曾是神圣罗马帝国、奥地利帝国、奥匈帝国和哈布斯堡王朝家族的皇宫，如今是维也纳最负盛名的旅游景点。美泉宫及其花园被联合国教科文组织列入世界文化遗产名录。

美泉宫花园一场

走进世界著名宫殿·

美泉宫的名字来源于神圣罗马帝国皇帝马提阿斯（1612～1619年在位），传说1612年他狩猎至此，饮用此处泉水，清爽甘冽，遂命名此泉为"美泉"，此后"美泉"成为这一地区的名称。1743年，奥地利女皇玛丽亚·特蕾西亚下令在此营建气势磅礴的美泉宫和巴洛克式花园，总面积2.6万平方米，仅次于法国的凡尔赛宫。

　　美泉宫设计时的规模和豪华程度与凡尔赛宫相比有过之而无不及，但由于财力有限，原设计并未能如愿。现在的美泉宫共有1441间房间，其中45间对外开放供游客参观。整个宫殿是巴洛克风格的，但是其中有44个房间是洛可可风格的。美泉宫虽不能和凡尔赛宫相比，但依旧显示出了其作为帝王官邸的气派。宫殿长廊墙壁上是哈布斯堡皇族历代皇帝的肖像画以及玛丽亚·特蕾西亚女皇16个儿女的肖像——随法国国王路易十六同上断头台的法国皇后玛丽·安托瓦奈特少女时代的画像也在其中。

　　另外，美泉宫还拥有一座奥地利境内最辉煌的法国巴洛克风格花园。穿过美泉宫来到北面的宫殿花园，所有的游客都会被这里的壮观景象所倾倒。这座占地两平方公里的花园是典型的法式园林：在碎石子铺成的平面上，是一片片格局优雅，精雕细琢的花坛和草坪；花园两边高大的树木，被剪成一面绿墙；绿墙里是四十四座古希腊神话故事中的人物。

景点简介：

1. 海神喷泉（Neptunsbrunnen）

　　在花园的尽头，是一座1780年修建的美丽的喷泉，名曰海神喷泉（Neptunsbrunnen）。水池的中央是一组根据希腊海神的故事塑造的雕塑。从海神喷泉向东，就来到了赫赫有名的"美丽泉"。

2. 罗马废墟（Roemische Ruine）

　　在美丽泉的正对面是一片罗马废墟（Roemische Ruine）。从罗马废墟再向东行，我们会看到一块方尖碑。众所周知，方尖碑是古埃及的产

美泉宫海神喷泉

物，耐人寻味的是，这块方尖碑是由乌龟托起的，也许这里也有几分中国艺术的痕迹吧。

3. 凯旋门（Gloriette）

从海神喷泉处，沿着之字形土路走上丘陵，就来到了美泉宫的最高点，凯旋门（Gloriette）。这座凯旋门是海岑多夫（Hetzendorf）为了纪念玛丽亚·特蕾西亚女皇 1757 年战胜普鲁士的弗利德里希大帝的军队而建的。在这里，可以把美泉宫壮丽的景观尽收眼底。1993 年，人们对凯旋门做了彻底的整修，并根据史书记载又为凯旋门的两面装上了玻璃。

4. 动物园（Zoo）和热带植物温室（Palmenhaus）

与美泉宫东部的景点相比，西部的设施更为可观。从海神喷泉的西侧，可以去参观全世界最古老的动物园。玛丽亚·特蕾西亚女皇一家喜欢在花园西面的亭子里一面用早餐，一面和孩子们一起欣赏世界各地进贡的奇鸟异兽。1757年，第一座动物园就这样落成了。1883年，人们又在动物园旁边建造了一座欧洲最大的温室（Palmenhaus）。这座温室长 111 米，宽 28 米，高 25 米，把热带地区的奇花异草都珍藏了进去。这座雄伟的

凯旋门外景

钢结构建筑在 20 世纪 90 年代被整修一新。

美泉宫的历史可以追溯到中世纪，14 世纪初开始这个地区被称为卡特尔堡（Katterburg），是克劳斯特诺伊堡（Klosterneuburg）的属地，经营着一座磨坊和一家葡萄酿酒厂，在农场雇工的努力下，几个世纪来呈现出繁荣的景象。

1548 年起，它成为维也纳市长的办公地，直到 1569 年神圣罗马帝国皇帝马克西米连二世（1564～1576 年在位）买下了这块地，包括一座房子、一座磨坊、一间畜舍和一座休闲果园，从此成为哈布斯堡王朝的家庭属地。

马克西米连二世除了喜好收藏外，还继承了哈布斯堡王朝家族热衷打猎的传统，他准备建造一座休闲的动物园，以满足他的爱好。马克西米连二世建造的花园不仅养着本地的野生动物和禽类，还有来自外国的鸟类，像孔雀和火鸡等，他认为这些异国动物也是不可或缺的。

卡特尔堡的花园在 1605 年被匈牙利军队毁坏，其后被简单修复，成为马提阿斯狩猎时的寝宫。传说 1612 年马提阿斯在一次狩猎中，在此处发现一口漂亮的涌泉，饮用泉水清爽甘冽，遂命名此泉为"美泉"，

此后"美泉"成为这一地区的名称。

马提阿斯的继任者斐迪南二世（1619～1637年在位）和其第二任妻子同样热衷于打猎，他们经常将美泉作为打猎的去处，1637年斐迪南二世去世后，皇后独自居住在美泉，5年后她决定建立一座夏季寝宫，并将这个地区正式改名为"美泉"。于是，在1642年，有了关于"美泉"的最早历史资料记载。

1683年，在土耳其第二次围攻维也纳的战争中美泉宫被彻底烧毁，这座夏季寝宫和它的花园成为土耳其人战争的牺牲品。战争结束后，1686年利奥波德一世命令奥地利巴洛克艺术建筑师约翰·伯恩哈德·菲舍尔·冯·埃拉赫为他的儿子、皇储约瑟夫一世（1705～1711年在位）重新建造一座皇宫。菲舍尔先是完成了一项非常理想化的设计，后来又在1693年修改成为实用的狩猎寝宫，1696年正式在被土耳其人毁坏的地基上开始建造新皇宫。1700年皇宫的中央部分完工，中间是狩猎寝宫的主厅，约瑟夫一世和皇后住在靠近花园的皇宫西侧卧室，东侧是为客人准备的卧房。今天的美泉宫中仍保留着当时建筑中的皇宫礼拜堂、蓝色楼梯和天花板上描绘约瑟夫一世作为英雄的壁画，这幅壁画是由意大利巴洛克艺术威尼斯派画家塞巴斯蒂亚诺·里奇创作完成的。但是由于1701年爆发了西班牙王位继承战争，因为缺乏资金，美泉宫侧翼的建设缓慢，直到约瑟夫一世去世时仍旧没有完工。

约瑟夫一世1711年去世后，他的皇后独居在尚未完全竣工的美泉宫。1728年查理六世（1711～1740年在位，利奥波德一世的儿子，约瑟夫一世的弟弟）继承了美泉宫，但他对美泉宫并不感兴趣，把它送给了他的女儿玛丽亚·特蕾西亚，玛丽亚·特蕾西亚一直非常喜欢美泉宫和皇家花园，她把美泉宫从狩猎寝宫改成了神圣罗马帝国皇帝的皇宫。1740年查理六世突然去世，玛丽亚·特蕾西亚作为继承人开始了执政生涯，这同时也标志着美泉宫进入了一个辉煌的时代，成为皇家和政治生活的中心。玛丽亚·特蕾西亚在位期间，美泉宫进行了一次重大的改建，使得现在的美泉宫与菲舍尔的设计大不相同，1743～1763 年间工程由奥地利和意大利的早期古典主义建筑师尼古劳斯·冯·帕卡西负责（他同时也是维也纳霍夫堡皇宫的改建者），当年的狩猎皇宫被改建和扩建成一座奢华的皇家寝宫，可以容纳超过 1000 人居住，总面积 2.6 万平方米，仅次于法国的凡尔赛宫。

根据玛丽亚·特蕾西亚的意愿，1747 年在皇宫北侧完成了一座剧院，她和她的多个孩子曾在剧院表演。美泉宫的大部分内装饰来自这个时代，它采用的是洛可可艺术，这在奥地利极其罕见。

玛丽亚·特蕾西亚专注于美泉宫的改建和装饰，她的丈夫弗朗茨一世（1745～1765 年在位）和来自洛林的艺术家们则致力于皇家花园的扩建，他们将花园的林荫路设计成星状，各条林荫路在美泉宫中心的中轴交汇，巴洛克艺术的花园代表了皇家由内向外的统治。花园正面是一座硕大的花坛，植物严格对称地种植在彩色的石头上，花坛两侧则是经过严格修剪的树篱。1752 年，爱好自然科学的弗朗茨一世在皇宫旁建造了美泉动物园，第二年又在花园西侧建造了荷兰式的植物园，其在 19 世纪时被改成英国式的。皇宫花园中的雕塑大部分是德国艺术家威廉·拜尔的作品，他们出自希腊神话、罗马神话和古罗马历史，最主要的作品是大花坛中的雕塑。

弗朗茨一世 1765 年去世后，玛丽亚·特蕾西亚的儿子约瑟夫二世（1765～1790 年在位）继任，玛丽亚·特蕾西亚继续扩建美泉宫，美泉宫一直延伸到美泉山上。1765 年，奥地利早期古典主义的代表人和建筑师约翰·费迪南德·赫岑多夫·冯·霍恩贝格接手皇宫的艺术设计，他在山脚下挖掘了"海神泉"，在山顶美泉宫的最高点建造了凯旋门，凯旋门从视觉上同皇宫花园紧密合一，它用来纪念带来和平的正义战争。皇宫花园中的许多建筑也是出自赫岑多夫之手，比如壮观的人造罗马废墟，其建于 1778 年，背后是一座海格力斯的雕像。

美泉宫皇家花园的扩建在玛丽亚·特蕾西亚生命的最后一年——1780年终于完工，除了几个皇家专用花园外，大部分花园已向公众开放。

玛丽亚·特蕾西亚去世后，美泉宫没有人居住，直到19世纪初神圣罗马帝国的末代皇帝弗朗茨二世再次将其作为夏季寝宫。拿破仑曾在1805年和1809年两次占领并住在美泉宫。弗朗茨二世时代，美泉宫经过一次翻修，现在的美泉宫呈现的就是这次整修后的样貌。美泉宫正面被涂上原创性的赭色，德语中赭色因此被称作"美泉黄"。此后所有奥匈帝国和哈布斯堡王朝的皇家建筑都被漆成这种颜色。

1830年茜茜公主的丈夫奥匈帝国的第一位皇帝弗朗茨·约瑟夫一世出生在美泉宫，他是弗朗茨二世的长孙，他的父母弗兰茨·卡尔和苏菲公主也都住在美泉宫，弗朗茨·约瑟夫一世的童年和青年的夏季都在美泉宫度过。1848年继任奥地利皇帝兼匈牙利国王后，美泉宫又经历了一次辉煌的时代，它是弗朗茨·约瑟夫一世最喜欢和居住时间最长的住所，直到他1916年在美泉宫走完了最后的人生旅程。

1945年，在第二次世界大战的盟军轰炸中，美泉宫的主建筑和凯旋门被严重损毁，未被炸毁的部分还曾作过盟军的英军总司令部。此后，美泉宫被损毁的部分被逐渐修复。

凡尔赛宫（法国）

　　位于巴黎西南 18 公里处的凡尔赛宫，是法国最宏大、最豪华的皇
宫，是人类艺术宝库中的一颗绚丽灿烂的明珠。凡尔赛宫原是法国国王
路易十三于 1624 年在凡尔赛树林中建造的狩猎行宫。1661 年法国国王
路易十四开始建宫，后又经历代王朝的修葺和改建，于 1689 年全部竣
工，历时 28 年落成，至今已有 300 多年历史。全宫占地约 111 万平方
米，其中建筑面积约 11 万平方米，园林面积约 100 万平方米，以东西
为轴，南北对称，包括正宫和两侧的南宫和北宫，内部 500 多个大小厅
室无不金碧辉煌：大理石镶砌，玉阶巨柱，以雕刻、挂毯和巨幅油画装
饰，陈设稀世珍宝。100 公顷的园林也别具一格，花草排成大幅图案，
树木修剪成几何形，众多的喷水池、喷泉和雕像点缀其间。凡尔赛宫及
其园林堪称法国古建筑的杰出代表，1833 年被辟为国家历史博物馆，
1980 年被列入世界文化和自然遗产名录，如今，这里是法国领导人会
见外国元首和使节的地方。

　　凡尔赛宫宫殿为古典主义风格建筑，其外立面为标准的古典主义三
段式处理，即将立面划分为 3 段；建筑左右对称，造型轮廓整齐、庄重
雄伟，被称为是理性美的代表。其内部装潢则以巴洛克风格为主，少数
厅堂为洛可可风格。

　　正宫前面是一座风格独特的"法兰西式"的大花园，园内树木花草
别具匠心，使人看后顿觉美不胜收。而建筑群周边园林亦是闻名世界，

它与中国古典的皇家园林有着截然不同的风格，完全是人工雕琢的，极其讲究对称和几何图形化。

如果凡尔赛宫的外观给人以宏伟壮观的感觉，那么它的内部陈设及装潢就更富于艺术魅力，室内装饰极其豪华富丽是凡尔赛宫的一大特色。500 余间大殿小厅处处金碧辉煌，豪华非凡：内壁装饰以雕刻、巨幅油画及挂毯为主，配有 17～18 世纪造型超绝、工艺精湛的家具，大理石院和镜厅是其中最为突出的两处。除了上面讲到的室内装饰外，太阳也是常用的主题，因为太阳是路易十四的象征，它有时候还和兵器、盔甲一起出现在墙面上。除此以外，还用狮子、鹰等动物形象来装饰室内。有的还用金属铸造成楼梯栏杆，有些金属配件还镀了金，配上各种色彩的大理石，显得十分灿烂。天花板除了像镜厅那样的半圆拱外，还有平的，也有半球形穹顶，顶上除了绘画也有浮雕。宫内随处陈放着来自世界各地的珍贵艺术品，其中还有我国古代的精品瓷器。

但凡尔赛宫过分追求宏大奢华使得居住功能极不方便，而且宫中没有一处厕所或盥洗设备，连王太子都不得不在卧室的壁炉内便溺；路易十五亦极端厌恶其寝宫，认为它虽然宽敞豪华，却不保暖。这是凡尔赛宫的弊端所在。

但无论如何，凡尔赛宫始终是法国封建统治时期的一座华丽的纪念碑。它不仅是法兰西宫廷所在，而且是国家的行政中心，也是当时法国社会政治观点、生活方式的具体体现。它是欧洲自古罗马帝国以来，第一次能够集中如此巨大的人力、物力、财力的专制政体的力量表现。当时，路易十四为了建造它，共动用了 3 万余名工人和建筑师、工程师、技师，除了要解决建造大规模建筑群所产生的复杂技术问题外，还要解决引水、道路等各方面的问题。可见，凡尔赛宫的成功，有力地证明了当时法国经济和技术的进步以及劳动人民的智慧。从艺术上讲，凡尔赛宫宏伟壮丽的外观和严格规则化的园林设计是法国封建专制统治鼎盛时期文化上的古典主义思想所产生的结果。几百年来欧洲皇家园林几乎都遵循了它的设计思想。

　　凡尔赛宫的建筑风格引起俄国、奥地利等国君主的羡慕仿效。彼得一世在圣彼得堡郊外修建的夏宫、玛丽亚·特蕾西亚在维也纳修建的美泉宫、腓特烈二世和腓特烈·威廉二世在波茨坦修建的无忧宫以及巴伐利亚国王路德维希二世修建的海伦希姆湖宫都仿照了凡尔赛宫的宫殿和花园。

　　凡尔赛宫及庭院是法兰西国王路易十四至路易十六的主要住处，也是当时法国的政治中心。

　　最初为了消除势力强大的法国地方贵族（如孔代亲王家族）的割据和叛乱危险，路易十四在凡尔赛宫落成后立即将全国主要贵族集中于凡尔赛宫居住。从1682年到1789年，法国的政治、外交决策都在凡尔赛宫决定，凡尔赛成了事实上的法国首都。为了显示王权的威严，路易十四和路易十五经常在宫中举行场面浩大壮观的典礼、晚会、舞会、狩猎和其他娱乐活动。1751年路易十五为庆祝长孙勃艮第公爵降生而举办的烟火晚会消耗了66万里弗尔的焰火，1770年路易十五为王太子举行的婚礼花费达900万里弗尔。在其巅峰时代——路易十五晚期和路易十六早期，维持凡尔赛宫廷的费用占法国岁入的1/4。但这些活动收到了一定的成效：路易十四登基以前势力雄厚、心怀不满、屡屡反叛的法国大贵族至路易十四时代已被奢靡的宫廷生活所笼络腐化，甚至以受邀居住于宫中为荣，争先恐后地仿效国王及宫中的礼仪、着装，担心失去国王的宠幸。

　　1789年6月20日，法国国民议会会场被封闭后，议会中的第三等级代表和一些下级僧侣、激进贵族前往凡尔赛宫室内网球场集会，签署了著名的《网球场宣言》，宣誓称如未能为法国制订出一部成文宪法，就绝不解散。

　　1870年普法战争期间，凡尔赛宫被普鲁士军队占领。1871年1月

18日普鲁士国王威廉一世在镜厅内加冕成为德意志帝国皇帝，同年2月26日与法国签订了初步和约。此后入驻凡尔赛宫的梯也尔政府策划了镇压巴黎公社的行动。

1919年6月28日，一战中的协约国在镜厅与德国签订了《凡尔赛和约》；1920年6月4日在大特里亚农宫签订了同匈牙利王国的《特里亚农和约》。

1937年，凡尔赛宫作为历史博物馆对公众开放。法国总统和总理多次在宫中和花园中举办外事活动，召开国际会议，签署国际条约。

凡尔赛宫的主要景观集中于主楼二层和花园中——

1. 大理石庭院：凡尔赛宫的正面入口，是三面围合的小广场。中央的建筑原为路易十三的狩猎行宫，路易十四时加以改造，保留原来的红砖墙面，并增加了大理石雕塑和镀金装饰。庭院地面用红色大理石装饰。庭院正面一层为玛丽·安托瓦内特的私室和沙龙，二层为国王寝室。

2. 海格立斯厅：位于主楼二层东北角与北翼的连接处，连接中路宫殿和北翼的王室教堂——路易十四时代，这里是王室小教堂，后改为国王接见厅。

3. 丰收厅：在海格立斯厅之西，北面为花园的拉冬娜喷泉，前临楼梯。丰收厅为入宫觐见国王的礼仪路线主要入口，厅内存放有历代国王的奖章及珍宝收藏。

4. 维纳斯厅：又名金星厅。在丰收厅之西。路易十四时代，厅内有台球桌和一整套纯银铸造、精工镂刻的家具。这些家具后来被熔化铸造成银币，以弥补西班牙王位继承战争的开支。

5. 狄安娜厅：又称月神厅，位于主楼二楼北侧，维纳斯厅之西，墙壁用各种精美瓷器装饰。

6. 玛尔斯厅：又名战神厅或火星厅，在狄安娜厅之西。天花板上有奥德朗的油画《战神驾驶狼驭战车》。大厅内壁炉两端有大理石平台，曾经布置台球桌。波旁王朝时期的国王经常在此召开宫廷音乐演奏会或赌博牌会。

7. 墨丘利厅：又名水星厅或御床厅，在玛尔斯厅之西。厅内有一张大床，围以银质栏杆，还有一座纯银大壁橱。墙壁上围有金色和银色锦缎。路易十四的幼子安茹公爵（后来成为西班牙国王腓力五世）曾在此居住。

8. 阿波罗厅：又名太阳神厅，是法国国王的御座厅。其布置极为奢华绮丽，天花板上有镀金雕花浅浮雕，墙壁为深红色金银丝镶边天鹅绒，中央为纯银铸造的御座，高2.6米，位于铺有深红色波斯地毯的高台之上。由于路易十四自诩为"太阳王"，因此凡尔赛宫内主要的大厅均以环绕太阳的行星命名。与二楼各大厅的位置相对应，一楼北侧为法国公主居住的套房。

9. 战争厅：在主楼的西北角、阿波罗厅之西，北、西两面面向花园，南面通往镜厅。厅内的装饰由孟莎和勒布伦完成，主要为反映路易十四征服西班牙、德意志、尼德兰等功绩的油画。其镀金壁炉之上为路易十四的骑马浮雕像。

10. 镜厅：又称镜廊，在战争厅之南，西临花园，是凡尔赛宫最

凡尔赛宫 阿波罗厅一隅

凡尔赛 镜厅

著名的大厅，由敞廊改建而成。其长 76 米、高 13 米、宽 10.5 米，一面是面向花园的 17 扇巨大落地玻璃窗，另一面是由 400 多块镜子组成的巨大镜面。厅内地板为细木雕花，墙壁以淡紫色和白色大理石贴面装饰，柱子为绿色大理石。柱头、柱脚和护壁均为黄铜镀金，装饰图案的主题是展开双翼的太阳，表示对路易十四的崇敬。天花板上为 24 具巨大的波希米亚水晶吊灯，以及歌颂太阳王功德的油画。大厅东面中央是通往国王寝宫的四扇大门。路易十四时代，镜廊中的家具以及花木盆景装饰也都是纯银打造，这里经常举行盛大的化妆舞会。

11. 和平厅：在主楼的西南角、镜厅之南，为一方厅，装饰风格与镜厅相似，但壁炉上的油画主题为"路易十四创国造和平"。厅内装饰以罗马帝王像、狮子、法国和纳瓦拉王国国徽为主题。

12. 国王套房：位于主楼东面路易十三的旧狩猎行宫之内。中央为国王卧室，内有金红织锦大床和绣花天篷，围以镀金护栏，天花板上是名为《法兰西守护国王安睡》的巨大浮雕。这里是凡尔赛宫的政治活动中心，在这里举行起床礼、早朝觐、晚朝觐和问安仪式。寝宫北边为小会议室，南边为牛眼厅，其得名自通往国王寝室的大门上方牛眼形状的天窗，是亲王贵族和大臣候见国王的场所。牛眼厅之东为大候见室和卫兵室。

13. 王后套房：位于主楼南侧，包括王后卧室、王后私室、王后候见厅、宫妃退居室、王后卫兵室等七间房间。王后套房的楼下为王太子套房。

14. 剧场：由路易十五下令修建，位于北翼。设计师为加布里埃尔。剧场深 26 米，宽 22 米，可以容纳 750 名观众，为其照明需要 3000 多根蜡烛。1789 年 10 月 2 日剧院最后一次举行演出，招待路易十六招

凡尔赛国王套房一隅

来保护王宫的佛兰德斯卫队。1871 年巴黎公社期间，凡尔赛政府的国民会议曾设于此。

15. 教堂：在北翼楼群的南端，1700 年修建，路易十四称这座教堂是奉献给圣路易的。路易十四修建凡尔赛宫是为了在气势上胜过西班牙的埃斯库里亚尔宫（修道院、宫殿综合建筑群），但没有把教堂布置在主要轴线上，反映出在路易十四时期的法兰西，王权已经高于神权。路易十五、王储路易（路易十五的王太子）、路易十六、普罗旺斯伯爵（路易十八）和阿图瓦伯爵（查理十世）都曾在这个教堂里举行婚礼。

16. 小特里亚农宫：路易十五为其王后建造，为典型的古典主义风格建筑，主要的房间有大沙龙、小沙龙、画室、卧室、化妆室等。附近有路易十六为玛丽·安托瓦内特王后修建的瑞士农庄，有茅屋、磨坊、羊圈，王后常化妆为乡间牧羊女在此游玩。

凡尔赛小特里亚农宫一隅

17. 战争画廊：在南翼建筑群中，曾为王子和亲王的住所。该处有众多战争主题的绘画作品，如《拿破仑翻越阿尔卑斯山》《普瓦蒂埃大捷》《里沃利战役》《亨利四世进入巴黎》等。

18. 花园美景花园：现存面积为 100 万平方米，以海神喷泉为中心，主楼北部有拉冬娜喷泉，主楼南部有橘园和温室。花园内有 1400 个喷泉以及一条长 1.6 千米的十字形人工大运河。路易十四时期曾在运河上安排帆船进行海战表演，或布置贡多拉和船夫，模仿威尼斯运河风光。花园内还有森林、花径、温室、柱廊、神庙、村庄、动物园和众多散布的大理石雕像。

19. 大特里亚农宫：1687 年由路易十四为其情妇曼特侬夫人建造，只有一层，室内装潢相比之下比较朴素。路易十四时期，国王有时厌倦豪华的凡尔赛宫，也会到这里居住。1805～1815 年，拿破仑经常居住于此。

卢浮宫（法国）

卢浮宫是世界上最古老、最大、最著名的博物馆之一，位于法国巴黎市中心的塞纳河北岸（右岸），始建于 1204 年，历经 700 多年扩建、重修达到今天的规模。卢浮宫占地面积（含草坪）约为 45 万平方米，建筑物占地面积为 4.8 万平方米，全长 690 米。它的整体建筑呈 U 形，

卢浮宫外景一隅

分为新、老两部分，老的建于路易十四时期，新的建于拿破仑时代。宫前的金字塔形玻璃入口，是华人建筑大师贝聿铭设计的。同时，卢浮宫也是法国历史上最悠久的王宫。

卢浮宫的藏品中有被誉为世界三宝的《维纳斯》雕像、《蒙娜丽莎》油画和《胜利女神》石雕，更有大量希腊、罗马、埃及及东方的古董，还有法国、意大利的远古遗物。

卢浮宫始建于13世纪，是当时法国王室的城堡，后被充当为国库及档案馆。1546年，建筑师皮埃尔·莱斯柯在国王委托下对卢浮宫进行改建，从而使这个宫殿具有文艺复兴时期的风格。后又经历代王室多次授权扩建，并经过法国大革命时期的动荡，到拿破仑三世时卢浮宫的整体建设才算完成。

继"贤王查理"建设重要的图书馆而使卢浮宫声名远播之后，16世纪的弗朗索瓦一世又开始大规模地收藏各种艺术品，到了路易十三和路易十四时期，卢浮宫的收藏已十分充实。至路易十四去世前夕，卢浮宫已经成为经常展出各种绘画和雕塑作品的一个场所。

1793年8月10日，卢浮宫艺术馆正式对外开放，成为一个博物馆。从那时起，这里的收藏不断增加，更不用说拿破仑向那些被征服的国家征用的艺术贡品了。总之，如今博物馆收藏目录上记载的艺术品数量已达400000件，分为许多的门类品种，从古代埃及、希腊、埃特鲁里亚、罗马的艺术品，到东方各国的艺术品；有从中世纪到现代的雕塑作品；还有数量惊人的王室珍玩以及绘画精品等等。迄今为止，卢浮宫已成为世界著名的艺术殿堂。

卢浮宫有着非常曲折、复杂的历史，而这又是和巴黎以至法国的历史错综地交织在一起的。人们到这里当然是为了亲眼看到举世闻名的艺术珍品，同时也是想看卢浮宫这座建筑本身，因为它既是一件伟大的艺术杰作，也是法国近千年来历史的见证。这里曾经居住过50位法国国王和王后，还有许多著名艺术家在这里生活过。

卢浮宫始建于 1190 年，当时只是菲利普·奥古斯特二世皇宫的城堡。在十字军东征时期，为了保卫北岸的巴黎地区，菲利普二世于 1200 年在这里修建了一座通向塞纳河的城堡，主要用于存放王室的档案和珍宝，同时也关押他的狗和战俘，当时就称为卢浮宫。查理五世时期，卢浮宫被作为皇宫，因而使它成为完全不同的一座建筑物。在以后的 350 年中，随着王室贵族们寻欢作乐的要求越来越高，他们不断增建了华丽的楼塔和别致的房间。然而在其后的整整 150 年间，卢浮宫并无国王居住。16 世纪中叶，弗朗西斯一世继承王位后，便把这座宫殿拆毁了。他下令由建筑师皮埃尔·莱斯柯在原来城堡的基础上重新建筑一座宫殿。弗朗西斯还请当时著名的画家为他画肖像，他崇拜意大利派的画家，购买了当时意大利最著名画家的绘画，其中包括《蒙娜丽莎》等珍品。弗兰西斯一世的儿子亨利二世即位后，把他父亲毁掉的部分重新建造起来。

亨利四世在位期间，他花了 13 年的功夫建造了卢浮宫最壮观的部分——大画廊。这是一个长达 300 米的华丽的走廊，亨利在这里栽满了树木，还养了鸟和狗，甚至在走廊中骑着马追捕狐狸。路易十四把卢浮宫建成了正方形的庭院，并在庭院外面修建了富丽堂皇的画廊。他购买了欧洲各派的绘画，包括卡什代、伦勃朗等人的作品。他一生迷恋艺术和建筑，致使法国的金库空虚。路易十四是法国历史上著名的国王，他被称为太阳王。他登基时只有 5 岁，在卢浮宫做了 72 年的国王——法国历史上最长的时代。路易十六在位期间，爆发了著名的 1789 年大革命，在卢浮宫"竞技场"院子里建立了法国革命的第一个断头台。1792 年 5 月 27 日，国民议会宣布，卢浮宫将属于大众，成为公共博物馆。这种状况一直延续了 6 年，直到拿破仑一世搬进了卢浮宫。

拿破仑在这座建筑的外围修建了更多的房子，并增强了宫殿的两翼，还在竞技场院里修建了拱门，拱门上的第一批雕刻马群是从威尼斯的圣马可教堂上取下来的。拿破仑以前所未有的方式装饰卢浮宫，他把欧洲其他国家所能提供的最好的艺术品搬进了卢浮宫。拿破仑不断地向外扩张，并称雄于欧洲，于是几千吨的艺术品从所有被征服的国家的殿堂、图书馆和天主教堂运到了巴黎。拿破仑将卢浮宫改名为拿破仑博物馆，巨大的长廊也布满了他掠夺来的艺术品。在卢浮宫里，拿破仑的光彩持续了12年，一直到滑铁卢战役的惨败。对拿破仑来说，每一幅天才的作品都必须属于法国。这样的观点是德国人、意大利人、西班牙人和荷兰人所不能接受的。拿破仑失势后，他们来到卢浮宫，约有5000件艺术品物归原主，但仍然有许多他掠夺的艺术品被留在了卢浮宫。拿破仑三世是一位野心勃勃的皇帝，他是卢浮宫建造以来所遇到的投资最多的"建筑人"，其5年内修的建筑比所有的前辈在700年内修建的还要多——3个世纪以前设计的宏伟的蓝图留给了拿破仑三世来完成。当它竣工后，卢浮宫变成了皇家庆祝活动的场所，富丽堂皇是拿破仑三世修建任何东西的特点。这样，直到拿破仑三世时，卢浮宫整个宏伟建筑群才告以完成，前后将近600年。

据统计，目前卢浮宫宫殿共收藏有40多万件来自世界各国的艺术珍品。法国人将这些艺术珍品根据其来源地和种类分别在六大展馆中展出，即东方艺术馆、古希腊及古罗马艺术馆、古埃及艺术馆、珍宝馆、绘画馆及雕塑馆。其中绘画馆展品最多，占地面积最大。卢浮宫区有198个展览大厅，最大的大厅长205米。显然，用一两天的时间根本无法欣赏其全部的稀世珍品。因此，如果要参观卢浮宫，得先制订一个计划，逐个参观六大展馆，切忌仓促地走马观花。如果时间充裕的话，可细细品味；如果时间较紧的话，可选择有代表性的艺术展品观赏——

1. 东方艺术馆：东方艺术馆建于1881年，共有24个展厅，3500件展品。这些展品主要来自西亚和北非地区，包括叙利亚、黎巴嫩、巴基斯坦、伊朗等国。这些展品出自十分久远的年代，如公元前2500年的雕像、公元前2270年的石刻、公元前2000年烧制的泥像等。其中带翅膀的牛身人面雄伟雕像（前8世纪）最为有名，曾在杜尔·沙鲁金

卢浮宫 古罗马艺术馆一隅

（现为伊拉克赫尔沙巴德）守卫过亚述国王萨尔贡二世的宫殿大门。这些巨大的牛身人面像来到法国经历过一段曲折的历史：1843 年，法国人保罗·埃米尔·博塔发现了这些雕像，冒着各种危险将它们运到巴黎。其中两个雕像于 1847 年陈列在卢浮宫内的世界上第一个亚述博物馆中；第三个雕像在浅盐湖的船舶失事中幸免于难，于 1856 年运到巴黎；第四个雕像则沉入湖底，是用石膏塑像替代的；第五个雕像是唯一的一头头部转向参观者的公牛。在"东方古文博物馆"第四厅，有一件我们比较熟悉的文物：《汉谟拉比法典》。该法典出自公元前 2000 年左右的巴比伦，共 282 条，以锲形文字刻在一块黑色玄武岩上。玄武岩高 2.5 米，中部为 282 条法令全文，上部的人物像是坐着的司法之神向站着的汉谟拉比国王亲授法律，国王则右手致答谢，以示对神授的法律表示尊敬。

2. 古埃及、古希腊与古罗马文物：古埃及艺术馆建立于 1826 年，早于东方艺术馆，共有 23 个展厅，收藏珍贵文物达 350 件。这些文物包括古代尼罗河西岸居民使用的服饰、装饰物、玩具、乐器等。这里还有古埃及神庙的断墙、基门、木乃伊和公元前 2600 年的人头塑像等。古希腊与古罗马艺术馆建成的时间更早，大约在 1800 年向公众展出，其藏品更多，大约有 7000 余件。古希腊与古罗马艺术馆的藏品一是以法国王室的收藏品为基础，二是拿破仑率领的法军在意大利获胜后，劫获了许多意大利的古代艺术品，将之运回法国充实卢浮宫。后来，法国又从各方面不断丰富里面的收藏品。雕塑在该馆内占有主导地位，雕塑品包括大理石、铜、象牙等材质。在古希腊和古罗马艺术馆中，有两件备受世人赞美的最瞩目的不朽作品，一是"萨姆特拉斯的胜利女神"，二是爱神"维纳斯"。

"萨姆特拉斯的胜利女神"创作于公元前 3 世纪，高 3.28 米，站在一座石墩上，是座无头无手的雕像，1863 年从萨姆特拉斯岛的神庙废墟中发掘出来。该雕像尽管已失去了手和头，但看得出她正迎风展翅，昂首挺胸，向世人宣告一场战争的胜利。根据研究，这是雕塑家为纪念希腊罗地岛的一场胜利海战而制作的。胜利女神迎风微微前倾身躯，健美的胸部披着薄薄的长袍，体魄健壮而又不失轻灵，富有质感。女神虽然失去了头部和双臂，但在人们的眼里它仍是完整完美的。现在，胜利女神每天受到成千上万人的瞻仰，成为已知雕像中表现热情奔放与动态的最完美的作品。"维纳斯"对于人们来说更加熟悉了。她身高 2.02 米，创作于公元 2 世纪。她是希腊的美神，不知倾倒了多少崇拜者，她的周围每天挤满了观众。她半裸着身躯，极为端庄、自然，被认为是表现女性美的最杰出的作品。

"维纳斯"能收藏在卢浮宫是很偶然的。1820 年，希腊爱琴海米洛岛上的一位农民在挖土时发现了一尊美神。消息传出，正好有一艘法国军舰停泊在米洛港，舰长得知消息后立即赶到现场，想买下却没有现

金。结果，"维纳斯"被一位希腊商人买下，并准备运往君士坦丁堡。眼见宝物就要失去，法国人不甘心，立即驱舰前去阻拦，于是双方发生了混战，结果使珍品遭到损坏，雕像的双臂被打碎。双方争执不下，后由米洛地方当局出面解决，由法国人用钱买下雕像，贡献给法国国王。就这样，"维纳斯"被运到法国，在当时一公开亮相立即引起轰动。

3. 绘画馆：卢浮宫绘画馆所收藏的绘画之全、之珍贵是世界上各艺术馆不能比拟的。绘画馆共有 35 个展厅，2200 多件展品，其中 2/3 是法国画家的作品，1/3 来自外国画家，14 世纪～19 世纪的各种画派的作品均有展出。比较杰出的作品有：富凯的《查理七世像》（15 世纪）、达·芬奇的《岩间圣母》（16 世纪）、拉斐尔的《美丽的园丁》（16 世纪）、勒南的《农家》（17 世纪）、里戈的《国王路易十四像》（18 世纪）、路易·达维德的《拿破仑一世在巴黎圣母院加冕大典》（19 世纪）、德拉克鲁瓦的《肖邦像》（19 世纪）、安格尔的《土耳其浴室》（19 世纪）等。在所有绘画作品中，最为杰出、最受人瞩目的自然是达·芬奇在 1503 年完成的不朽杰作《蒙娜丽莎》。《蒙娜丽莎》被置放在卢浮宫二楼中间的一个大厅中，外面用玻璃罩着，受到特别的保护。玻璃罩周围射出的柔和的灯光，足以使观众看清画面的各个细节。《蒙娜丽莎》又称《永恒的微笑》，被认为是西欧绘画史上首幅侧重心理描绘的作品。蒙娜丽莎端庄俊秀，脸上含着深沉、温和的微笑。那微笑有时让你觉得温文尔雅，令人陶醉；有时仿佛内含哀愁，似显凄楚；有时又略呈揶揄之状，虽则美丽动人却又有点不可接近……更妙的是，在这幅名画之前，不论你从哪个角度看，她那温和的目光总是微笑地注视着你，生动异常，仿佛她就在你身边。

4. 雕塑馆：雕像馆成立于 1817 年，共有展厅 27 个，展品 1000 多件，多为表现宗教题材的作品，部分为表现人体和动物的作品。在这里可以看到木刻《基督受难头像》、《十字架上的耶稣》、《圣母与天使》、意大利的雕塑《圣母与孩童》、17 世纪的《童年时期的路易十四》、18

世纪的名人像《伏尔泰》及19世纪的群塑《舞蹈》等。

5. 珍宝馆：珍宝馆原来是雕像馆的一部分，后来由于珍藏品增多，1893年便独立组成展馆。最初，珍宝馆的展品主要是大革命时从王室没收而来的珍宝。后来，博物馆组织人马到处收购，加之有人捐赠，展品便大大丰富，现在有展品6000多件。其中有重达137克拉的大钻石，有镶满宝石的王冠，还有镀金的圣母像、历代王朝王室的家具、装饰用具等。

迄今为止，卢浮宫已成为世界著名的艺术殿堂。路易十四时代的昔日繁荣仿佛从未随岁月流逝而消退，那100多根文艺复兴时代风格的立柱，骄傲地托起长长的走廊。自从1793年法国大革命后，这里从法国皇家收藏艺术珍宝的宝库，改为向公民开放的美术博物馆，从此来这里参观的艺术爱好者和普通民众络绎不绝。

1832年的一天，有位青年来到罗浮宫，他多半时光就是流连于艺术大师的绘画前。鲁本斯画面那激情洋溢的华美色调，委拉斯开兹笔下人物的高雅气度，戈雅用粗犷奔放的笔触涂抹出人体的美妙，都是他久久观摩的对象。连着六年，这个青年成为罗浮宫的常客。连门卫都已熟悉他的身影。

25年后的1863年，有两幅油画《草地上的午餐》和《奥林匹亚》引发了法兰西画坛的广泛争议。画面上女性的裸体同样柔美，但竟然冷嘲似地流露出对传统艺术的反叛气息。那两幅画的作者，就是那个曾连续6年在罗浮宫观摩大师名作的青年马奈，他在当时已成为敢于创新的画家。又过了10多年，马奈的那幅《奥林匹亚》，竟然也被作为珍藏品收入罗浮宫，公开陈列，供人欣赏。

卢浮宫就是这样，它不仅收藏艺术珍品，同时也哺育出众多的艺坛名家。

卢浮宫博物馆闻名天下，不仅仅在于她的展品之丰富、之珍贵，更在于博物馆本身便是一座杰出的艺术建筑。据统计，卢浮宫博物馆包括庭院及草坪在内占地面积的 45 万平方米，自东向西横卧在塞纳河的右岸，两侧的长度均为 690 米，整个建筑壮丽雄伟。用来展示珍品的数百个宽敞的大厅富丽堂皇，大厅的四壁及顶部都有精美的壁画及精细的浮雕，处处都是呕心沥血的艺术结晶，让人叹为观止。参观这座艺术殿堂也够得上一次难以忘怀的美好享受。

但卢浮宫在几百年的历史发展过程中，最初一直是由一些比较分散的建筑群所构成的，并没有像今天这样形成一个整体。

这种情况到 1981 年后得到了改变。1981 年 9 月，弗朗索瓦·密特朗在当选为法兰西共和国总统后举行的一次记者招待会上许诺："让卢浮宫恢复原来的用途"，这指的即是让财政部搬出"黎塞留侧翼"。"黎塞留侧翼"建于 1852～1857 年间，长 195 米，宽 80 米，是卢浮宫的一个组成部分，自 1871 年以来一直由财政部占据。1989 年 7 月，当时的财政部长爱德华·巴拉迪尔在再三请求下方才离开这令人赏心悦目的地方。"黎塞留侧翼"的收回及开放，一下子使卢浮宫增加了 2.15 万平方米的展览面积、3 个庭院和 165 个新展厅，共增加展出艺术品 1.2 万件，其中 3000 件是从存放室取出的，卢浮宫博物馆的展品由此大大增加。

密特朗总统对卢浮宫博物馆做出的另一贡献是邀请著名的美籍华裔建筑大师贝聿铭为博物馆设计新的入口处。贝聿铭先生经过深思熟虑，提出建造一个"金字塔"的方案。这座"金字塔"为卢浮宫博物馆，也为巴黎市增加了新的耀眼的光彩。有了这座"金字塔"，观众的参观线路显得更为合理。观众在这里可以直接去自己喜欢的展厅，而不必像过去那样去一个展厅而要穿过其他几个展厅，有时甚至要绕行七八百米。一个现代的博物馆，后勤服务设施一般占总面积的一半。过去卢浮宫博物馆只有 20% 的面积用于后勤。有了这座"金字塔"，博物馆便有了足够的服务空间，包括接待大厅、办公室、贮藏室以及售票处、邮局、小卖部、更衣室、休息室等，卢浮宫博物馆的服务功能因此而更加齐全。

枫丹白露宫（法国）

枫丹白露宫位于法兰西岛广阔的森林中心，从 12 世纪起用作法国国王狩猎的行宫。"枫丹白露（fontainebleau）"由"fontaine belleeau"演变而来，"fontaine belleeau"的法文原意为"美丽的泉水"。枫丹白露风景绮丽，森林茂盛，古迹众多，是著名的旅游胜地。其最让人流连忘返的是弗朗索瓦一世的画廊。枫丹白露宫室内有众多的绘画、装饰品、花环彩带和丰富的石膏花饰、雕塑品，是带意大利风格的法国文艺复兴艺术的典范。另外，值得一提的是，枫丹白露宫中收藏有大量中国圆明园的艺术珍品，其数量和质量都堪称世界第一，它宫中的中国馆可以说是圆明园在西方的再现。这座 16 世纪初具规模的宫殿，直到 19 世纪它的修缮扩建都未停止过，各个时期的建筑风格都在这里留下了痕迹，众多著名的建筑家和艺术家参与了这座法国历代帝王行宫的建设。

1137 年，法国国王路易六世发现了这块休闲养生的佳地，于是下令在此修建豪华城堡，后经历代君王的改建、扩建、装饰和修缮，使枫丹白露宫成为一座富丽堂皇的行宫。在 1530 年左右，弗朗索瓦一世想造就一个"新罗马"，便决定将行苑扩建为大宫殿，由两位意大利大师级画家罗索和普里马蒂乔主持内部装饰，还有法国画家古尚、卡隆及雕塑家古戎等人参与设计。

面貌一新的宫殿被巨大开阔的庭院所环绕，富有意大利建筑的韵

· 走进世界著名宫殿 ·

味，把文艺复兴时期的风格和法国传统艺术完美和谐地融合在一起。这
种风格被称为"枫丹白露派"。法皇亨利二世、亨利四世、路易十四、
路易十五、路易十六和拿破仑等都曾在此居住过。只是有的国王在此长
住，有的仅把它作为打猎的行宫。王室的婚丧大典也常在这里举行。瑞
典女王克里斯蒂娜、俄国沙皇彼得一世、丹麦国王克里斯蒂安七世都曾
下榻于此。1945～1965年，北大西洋公约组织军事总部设于此，枫丹
白露宫墙外至今还残留有"NATO"的标记。

　　枫丹白露宫的主体建筑包括一座主塔、六座王宫、五个等边形院落
及四座花园。宫内的主要景点有舞厅、会议厅、狄安娜壁画长廊、瓷器
廊、王后沙龙、国王卫队厅、王后卧室和教皇卧室、国王办公室、弗郎
索瓦一世长廊等等。

枫丹白露宫

枫丹白露宫内的中国馆由拿破仑三世时的欧仁妮皇后主持建造，馆内陈列着中国明清时期的古画、金玉首饰、牙雕、玉雕、景泰蓝佛塔等上万件艺术珍品。这些藏品大多来自圆明园，为法军统帅孟托邦献给拿破仑三世及其皇后的战利品。

　　枫丹白露宫周围有面积为17千万平方米的森林，有橡树、柏树、白桦、山毛榉等树木。过去是王室打猎、野餐和娱乐的场所。森林内有许多圆形空地，呈星形的林间小路向四面八方散开，纵横交错。圆形空地往往建有十字架，其中最著名的是圣·埃朗十字架。

　　从枫丹白露宫走出弗兰索瓦一世画廊便是狄安娜花园。园内的狄安娜喷泉是亨利四世时代于1602年在著名的狄安娜雕塑位置修筑的。

枫丹白露宫中国馆内景

为使原大理石雕像免遭侵蚀，雕刻家普里厄又用青铜复制了一件。

狄安娜花园又称皇后花园或橙园，其历史应追溯到第一帝国和七月王朝时代。16～18世纪该花园内散布着花坛和雕塑；橙树漫园而生，清风徐来，橙香浮动，令人神清气爽。如今这座花园的形态虽亦可人，但已不复旧貌。

从狄安娜花园可一路走到钟塔庭。钟塔庭也称椭圆院，是枫丹白露宫殿群中最庄严的部分。当初，喜爱自然的弗兰索瓦一世决定重建枫丹白露宫时，他眼中路易七世建造的中世纪宫殿无异于残垣断壁，形容枯槁，有损周遭的景致。因此，他开始重新修整枫丹白露宫，但却独独保留了古老、凝重的钟塔，仅在其外观上稍加修饰。钟塔庭周围的其他建筑则尽由吉勒-勒布雷东设计的文艺复兴式建筑取代。

狄安娜花园一隅

由钟塔入口至拱廊的建筑，源自 1528 年开始的第一工期。圣萨蒂南教堂稍后于 1545 年建成。

　　舞厅始建于弗兰索瓦一世时期，原先设计为意大利式柱廊，向外敞开，作为教堂和国王房间之间的通道。

　　在原设计中舞厅呈穿形，以使窗户之间柱廊的存在更为合理，但直至弗兰索瓦一世辞世，舞厅也未完工。

　　菲利贝·德洛尔姆接过前人的设计又加以修改：他最终完成了塞利奥设计的分格镶板的天花板以及壁炉，壁炉上饰有两个萨蒂尔神青铜雕像，这是德洛尔姆根据由普里马蒂乔从罗马带来的塑像仿制的。而普里马蒂乔本人则负责绘画和壁画，其未完成的作品由阿巴特及其助手创作于 1552～1556 年间。舞厅的鼎盛时期是在 16～17 世纪，宫廷宴会和舞会时常在此举行，国王的座位便设在壁炉前方。

　　枫丹白露的宫殿建筑分成几个庭院，从西到东有"白马院"，长 152 米，宽 112 米，正门朝东，门前有一巨大马足形台阶。院子北面是带顶楼的弗朗索瓦一世配殿，南端为路易十五配殿。"源泉院"南有鲤鱼池，北有弗朗索瓦一世长廊。东配殿亦系加夫列尔所建，楼外有双排台阶。"椭圆院"保存有路易纪念塔，其东面是多分门，与之相对的是赫梅斯廊。"王子院"位于北侧，四周是亨利四世和路易王朝时期的建筑物。

　　细木护壁、石膏浮雕和壁画相结合的装饰艺术，形成了枫丹白露宫的独特风格。著名的弗朗索瓦一世长廊殿就是典型的一例。它建于 1544 年，长 64 米，宽 6 米，高 6 米。它的下半部贴有一圈 2 米高的金黄色细木雕刻作护壁，上半部以明快的仿大理石人物浮雕烘托着一幅幅带有文艺复兴风格的精美壁画，使壁画更为突出，立体感更强。整条长廊显得既辉煌又典雅。其内部装修也相当精美，天花板和护墙板均用胡桃木做成。护墙板上的墙面被门和壁柱划分成几块，每块中间都是一幅很大的画，周围塑有婴儿、花环等形式的浮雕，这些浮雕除白色外，还有些涂以彩色或金色。天花板由横梁划分成几个部分，上面均饰以精美图案。

从 1528 年弗朗索瓦一世起，亨利二世、路易十六和拿破仑等历代君主都是根据各自的需要和爱好，不断对其加以改建和扩建，使之日臻豪华富丽。1808 年拿破仑革命时期，建造了金碧辉煌、富丽华贵的御座厅，厅内整个墙壁和天花板用黄、红、绿色调的金叶粉饰，地板用画毯覆盖，吊灯晶莹夺目，其装饰可谓集数百年之大成。

枫丹白露宫那设计活泼的美术式样，对欧洲各地建筑产生了巨大的影响。虽然在后来，其周围的宫殿和园林被改造为英国风格，但它美丽的风姿仍然长在。

枫丹白露宫亦可称为 18 世纪室内装饰的博物馆。其 1548 年所建的"舞厅"是宫内最大而且最漂亮的舞厅，长 30 米、宽 10 米，用 50 幅油画和 8 组壁画装饰，异常华丽。其中，狄亚娜长廊里有描述法国历史的壁画 25 幅（现存 9 幅）。另外，宫内还有满墙的蓝色、玫瑰色彩画的会议厅和镶嵌了 128 只细瓷画碟的碟子廊等。弗朗索瓦一世在此还珍藏了大量珠宝、雕塑、名画，这些艺术品都成为了法国的国宝。

这座宫殿虽然比不上凡尔赛宫的宏伟和卢浮宫的壮观，却淡雅大方，给人以静谧温馨的感觉。从建筑艺术上看，枫丹白露宫可以说是法国古典建筑的杰作之一，其各个时期的建筑风格都在这里留下了痕迹，其中弗朗索瓦一世和亨利四世两朝建树最多。弗朗索瓦一世在对意大利征战时，被文艺复兴艺术所倾倒，请来一批意大利艺术家、能工巧匠和法国建筑大师们一道参与该宫殿的建造。而意大利艺术家们从事的内部装修更令人赞叹。

其中以意大利著名画家弗朗西斯科·普里玛蒂乔为首的艺术家们，形成了著名的枫丹白露画派，这个画派实际上是法意两国艺术交融的结晶。后在 17 世纪初波旁王朝时又形成了第二期枫丹白露画派。

枫丹白露宫在历史上还是与许多法国政治大事有着密切关联的地方。1685年路易十四在这里撤销了南特勒令，激起了胡格诺教徒的猛烈反抗；1812～1814年罗马教皇被拿破仑囚禁于此；而拿破仑也于1814年在此被迫签字退位。

古堡外面是枫丹白露花园，面积为0.03平方千米，位于枫丹白露宫东南方向，并与其相连。花园中松柏青青，碧波粼粼，园径蜿蜒。一大片草地，当中便是狄安娜喷水池，池中几条石雕狗蹲在那儿好像保卫着上面的狩猎女神狄安娜。宫殿的另一侧，有个玉泉院。这里有一座小湖，叫鲤鱼塘，占地面积0.04平方千米。湖中建了一座浅黄色的八角亭，那是王宫贵族和拿破仑欢宴之地。花园内主要种植有橡树、樟树等高大树木，从高处下望，整个花园宛若一块硕大的绿色绒毯。

1981年，联合国教科文组织将枫丹白露宫及其花园作为文化遗产，列入世界文化遗产名录。

爱丽舍宫（法国）

　　法国的爱丽舍宫是法兰西共和国的总统府，也是法国最高权力的象征。

　　爱丽舍是希腊神话中灵魂归去的地方，传说这个地方是地狱的一部分，是英雄和有道德的人之灵魂所逗留的地方，称为"爱丽舍田园"。爱丽舍宫是法国总统官邸，巴黎重要建筑之一。

　　爱丽舍宫建于 18 世纪初，距今已有 200 多年，它曾被数度易手，经历了一段曲折的历史。

　　1718 年戴佛尔伯爵亨利在巴黎市中心盖起了这座宫殿并取名为戴佛尔大厦。戴佛尔伯爵死后，蓬帕杜尔侯爵夫人买下了戴佛尔大厦，她死后，大厦转到法国国王路易十五手里。1773 年路易十五把宫殿卖给了金融家博让，13 年后又被新国王路易十六买下，后来他的侄女波旁公爵夫人成了宫殿的主人，戴佛尔大厦遂改名为波旁大厦。法国大革命爆发后，这座大厦又几经转手，最后改名为爱丽舍宫。1805 年 8 月，拿破仑的内兄缪拉买下爱丽舍宫。3 年后他被封为意大利南部那不勒斯国王，便把这座宫殿送给了拿破仑。奥地利战役爆发前，拿破仑和约瑟芬就住在宫内。1815 年百日政变中，拿破仑又回到爱丽舍宫；滑铁卢战役失败后，他在宫内宣布二次退位。1816 年路易十八把爱丽舍宫送给他的侄子贝里公爵，就是后来的法王查理十世。1820 年查理十世遇刺身亡，这座宫殿就被人遗忘了，20 多年无人居住。1848 年，路易·

波拿巴（拿破仑三世）当选总统后，住进此宫，他称帝后，便把爱丽舍宫改为皇宫，当时曾经在此接待过大批外国国家元首。法兰西第三共和国建立以后，爱丽舍宫遂又改为总统府，并在此后100年来，一直作为法国总统工作和生活的地方。

爱丽舍宫是一座由大石块砌成的二层楼建筑。其两翼有两座对称的平台，中间环抱着庭院，外形朴素庄重。宫殿后部是座幽静、秀丽的花园。爱丽舍宫内部处处金碧辉煌，每间客厅的墙壁都由镀金细木装饰，墙上悬挂着著名油画和精致挂毯，四周陈设着17世纪～18世纪的镀金雕刻家具和珍奇艺术品，以及金光闪闪的座钟和大吊灯，使这里宛若一座博物馆。

现在爱丽舍宫的主楼二楼是总统办公和生活的地方。底层各客厅用作会议厅、会见厅或宴会厅，厅内陈设仍保持其原来的模样。迎宾厅在主楼，其中央是宫殿入口，总统就在此迎接各国贵宾。新国家元首当选后，就在节日厅举行就职仪式，同时每年在此接受外交使团的新年祝贺。爱丽舍宫自成为总统官邸100多年来，只在1978年法国国庆之际对公众开放过一天。

爱丽舍宫的金厅的基调为金黄色，其四壁、天花板、橱柜、几桌、镜柜，多是以镀金镶边来装饰。甚至招待客人喝咖啡的茶具，都是精致的镂金瓷器。当年戴高乐总统就在这里办公，镀金边黑油漆的大办公桌上放着的

爱丽舍宫主楼外景

座钟和案卷，仍保持着原状。所有这些文物的摆设和使用，不仅仅是为了观赏，也是法国在文物保护中的独到之处。

　　爱丽舍宫还是法国总统的秘密军事指挥部——法国拥有全世界第三大核武装力量，而在爱丽舍宫的奢华水晶灯和金色的雕花门后面，就是法国核导弹的发射指挥中枢。因此，爱丽舍宫也可被称为是法国国防的终级堡垒。

爱丽舍宫总统府外景

波旁宫 （法国）

　　波旁宫又名国民议会大厦，坐落在塞纳河南岸，占地相当大，除了议会厅外，还有一系列的附属建筑，足足有上百间房屋。它的正面面对着"大学之道"，后面对着协和大桥与协和广场，是有着260多年历史的古典建筑。这座半圆形大厦规模雄伟，北门12根大圆石柱组成的宽阔柱廊，承托着一个三角形横楣，上面饰以通体浮雕，柱廊下的30级

波旁宫外景一隅

台阶两侧有 6 尊雕像。因为它是路易十四于 1722 年为女儿波旁公爵夫人建造的，因而得此名。

波旁宫留有许多历史遗迹，如从南门进入的甬道就是特意保存下来的。甬道直通一扇青铜门，历史上只有贵宾和显赫人物才能由此出入。从

波旁宫外景

青铜门进去经过中央大厅可直抵议会大厦。

宫内的中央大厅长 20 米、宽 11 米。西侧有德拉克鲁瓦厅，东侧有布绕厅，经布绕厅可去国会图书馆。图书馆前厅玻璃柜中，陈列着拿破仑缴获的 52 面敌国战旗；图书馆北端的埃及书橱里，摆放着拿破仑 1798 年远征前命令学者为他撰写的有关埃及的材料；南端的目录橱上有伏尔泰的雕像；馆内藏书约 60 万册，其中不少为珍本。

1789 年以后，波旁宫便一直是法国最高立法机构的所在地，它被看做是法国法律的象征。1830 年起，它被用作国民议会办公地，拿破仑当皇帝时把它临塞纳河一面改成柱式门面，以便与河对岸雅典风格的玛德莱娜教堂遥相呼应。波旁宫内部设施也很豪华，只是议会辩论厅相对朴素，像一间扇形阶梯教室，议员座位也没有扶手。这里的有些议会辩论是允许民众旁听的，只需事先订座便可——毕竟，这里是表达民意的地方。

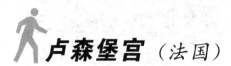

卢森堡宫（法国）

　　1613 年，玛丽·德·美迪西斯王后买下了法朗索瓦·德·卢森堡的公馆，并于 1615 年委托建筑师萨罗蒙·德·布洛斯设计建造一座能令她想起意大利故乡佛罗伦萨的美丽宫殿。美迪西斯王后从 1625 年起便入住卢森堡宫；1630 年，美迪西斯与黎世留枢机主教在西班牙问题

卢森堡宫外景

上发生史称"受骗日"事件的争执后，其儿子路易十三令她离开刚刚全部竣工的卢森堡宫。

1642年起，加斯东·德·奥尔良公爵及其遗孀和两个女儿——蒙邦西耶女公爵和纪斯女公爵曾先后入主卢森堡宫。纪斯女公爵于1694年将卢森堡宫赠送给路易十四。1715年，卢森堡宫又转归到摄政王菲利浦·德·奥尔良（即奥尔良公爵）名下；后者又将其传给两位女儿——贝里女公爵和西班牙前王后路易丝·艾丽莎白·德·奥尔良。后来，路易十六把这座宫殿送给他的弟弟普罗旺斯伯爵，也即后来的路易十八。法国大革命时，路易十八被赶出了卢森堡宫。

卢森堡宫在1795年督政府时期曾一度当过监狱。而后又于1799年年底用作保守党参议院。卢森堡宫成为参议院后，曾作了大规模的修缮，以便适应新的议会功能需要。宫内布局也于1799～1805年间由建

卢森堡宫外景

筑师夏尔格兰作了彻底变动。通往二楼的主楼梯被从大楼中间部位移至大楼西侧，并由此腾出空间，用于修建会议大厅。

1814 年，卢森堡宫被定为贵族院所在地。为了解决七月王朝时期增加议员后会议厅坐席紧缺的问题，建筑师阿尔封斯·德·基索尔把大楼朝南的正面往公园前移了 30 米，从而获得了足够空间，修建了如今依然保持原状的图书馆和半圆会场。拿破仑三世下令取消了主楼三个大厅之间的隔墙，形成了原先称为"御座厅"、现在改名为"聚会厅"的大长廊。第二帝国时期，卢森堡宫复归参议院；1848 年，"第二共和国劳工委员会"也设在那儿。

第二帝国败落后，卢森堡宫曾一度成为塞纳河省行政公署。1879 年，当政府权力机关从凡尔赛迁返至巴黎时，卢森堡宫再次作为参议院办公地；二次大战德国占领时期，它曾为德国空军西线参谋部驻地；1944 年成为临时咨询议会所在地；1945 年，特别最高法庭在那儿开庭；1946 年，巴黎和平会谈曾在卢森堡宫举行会议；在第四共和国期间，卢森堡宫成为"共和国参议院"驻地；自第五共和国以来，它一直是参议院所在地。

卢森堡宫的内部陈设多为新哥特式风格，图书馆天花板饰画为德拉库瓦的作品，此外还有樊图尔登的圆形画像及让·莫尼埃的天花板装饰画等。

白金汉宫（英国）

伦敦圣詹姆士公园西端有一座宏大建筑，它便是久负盛名的神秘王宫——白金汉宫。白金汉宫因 1705 年由白金汉公爵兴建而得名，1726年由乔治三世购得，一度曾做过帝国纪念堂、美术陈列馆、办公厅和藏金库，1825 年改建成王宫建筑。1837 年维多利亚女王继位起正式成为王宫，现仍是伊丽莎白女王的王室住地。女王召见首相、大臣，接待和宴请外宾及其他重要活动，均在此举行。白金汉宫于 1931 年用石料装饰了外墙面，最近的一次外墙清洗使其重放异彩。然而，令人印象最深

白金汉宫外景

的仍是其内部。王宫有 600 多个厅室，收藏有许多绘画和精美的红木家具，艺术馆大厅内专门陈列着英国历代王朝帝后的 100 多幅画像和半身雕像，营造出浓厚的 18、19 世纪英格兰的氛围。宫前广场上竖有胜利女神像和维多利亚女王坐像，此外还辟有一座占地 40 英亩的御花园。

第一代白金汉公爵（1592～1628 年）在法国作家大仲马的名著《三剑客》中，是位重要人物。他是英国首相，又是法国王后、奥地利安娜公主的情夫。在其最后一位后代 1703 年去世后，斯图亚特王朝的最后一位女王安娜，就把白金汉公爵的头衔赐给了穆尔格拉夫伯爵约翰·舍费尔德。而在这之前几年，他已获赠阿灵顿的住处，因此在这时将它改名为"白金汉府"。

1761 年英国王室以 21000 英镑将其买下。后来"疯狂国王"乔治三世想要一所私人住宅，离那座令人悲伤的圣詹姆士宫稍远点儿。再到后来，他的儿子即后来的乔治四世、英国历史上最大手大脚、最放荡的君主把白金汉公爵的一处乡间寓所改建成一座真正的宫殿，由他最喜欢的建筑师约翰·纳什负责将其修建得金碧辉煌，共花费 432000 英镑，是楼房收购价的 20 倍。纳什新建的宫殿基本上就是今天我们所见白金汉宫背后的那一面，即朝向花园的那一面。直到 1845 年，在维多利亚女王统治下，王室寓所才建成了今天的模样：其北翼和南翼的两侧宫殿得以延伸，且被第四翼、即东侧的宫殿封闭，成了一座四方的宫殿。这个东侧的外立面上有一座宽阔的阳台，王室成员的传统性亮相就在这里。

伊丽莎白二世是在此生活最久的女王。从其父王即位的 1936 年到她结婚的 1947 年间，她一直同妹妹玛嘉烈公主住在方形楼的第三层，即正门的右边。5 年后，她又以女王的身份回到这里，和她的丈夫及他们的 4 个儿女住在北翼的二层楼上，那也是她父母从前住过的私人套房。

宫殿是英国女王的私人套房，即其"家"所在。女王的个人套房分两个部分：一部分是其日常工作区域，包括她的接见厅和办公室，这一房间最易从外边认出，因为只有那儿的窗户是拱圆形的。另一部分包括她的私人餐厅、卧室、浴室和藏衣室。这间藏衣室又通过一座内部楼梯与三层楼上的一处储藏室相连，那层楼上还有许多盥洗室。宫内的家具摆设相当简单，女王及其丈夫并不过分豪华，至少他们的日常生活如此。家具没有包金，也不带著名红木家具商的印记，而是些很实用的家具。唯一可让人看出女王财力雄厚的痕迹是其住处墙壁上悬挂的油画——这些

维多利亚雕像

画作不仅拥有欧洲绘画大师的署名，而且经常从王室收藏的名画中轮换悬挂。

离此不远的同一层楼的西翼，有一十分豪华的套房。当接待贵宾时，女王和王室成员穿过一条小走廊，到女王书房，这是一间与白色客厅只有一墙之隔的小厅。稍过片刻，根据女王旨意，一名仆役开动机关，白色客厅的客人就会惊奇地发现，整个一面墙立刻隐没于墙内护壁板中，女王和王室成员瞬时出现于人们面前。

近年来，白金汉宫这最古老最豪华的部分，允许世界各国的游客在夏季进入参观，让普通民众得以一窥神秘面纱之下的王室重地。

威斯敏斯特宫（英国）

　　漫步在英国伦敦泰晤士河畔，你一定会被一座绵长宏伟的建筑所吸引，这里就是英国国会威斯敏斯特宫，又称国会大厦，是英国国会上下两院的所在地。它是世界上最大的哥特式建筑。

　　威斯敏斯特宫位于昔日伦敦的西郊，该地曾建有一座教堂。11世纪中期，英王爱德华一世在这里修建了一座宫殿并重建了教堂。此后400多年间威斯敏斯特宫一直是英国的主要王宫，1547年成为英国议会所在地。它几经火灾，几次重建。1834年的大火烧毁其大半原有建筑，于是英国政府决定建造一座举世无双的议会大厦，由著名建筑设计师查尔斯·巴里设计，于1840年动工，1857年完工。第二次世界大战时，下院的会议大厅被炸毁，后于1950年重建。威斯敏斯特宫共有14个大厅和600多个房间，一座圆形中央大厅将议会分成南北两部分，南面是上议院，北面是下议院。议会大厅是宫内最重要的建筑，上院的议会厅长27.5米，宽14米，正面讲坛上有英王宝座；下院议事厅长23米、宽14米。女王、上院议员和下员议员进入议会大厦时必须从不同的门进入。威斯敏斯特教堂在议会广场西南侧，正式名称为"圣彼得联合教堂"，其最初由爱德华一世于1050年下令修建，1065年建成。现存的教堂为1245年亨利三世时重建的，以后历代都有增建，直到15世纪末才告竣工。教堂平面呈拉丁十字形，全长156米、宽22米，大穹隆顶高31米，钟楼高68.5米，整座建筑金碧辉煌，前面两塔高耸，显得庄严神圣，被认为是英国哥特式建筑的杰作。教堂内有一张英皇加冕时用的宝座，那是1300年遗留至今的，宝座下面是一块来自苏格兰的、被称作"斯库恩"的圣石，这两件东西都是英国镇国之宝。

威斯敏斯特宫是英国浪漫主义建筑的代表作品，也是大型公共建筑中第一个哥特式风格的复兴杰作，为当时整个浪漫主义建筑兴盛时期的标志。其平面沿泰晤士河南北向展开，入口位于西侧。特别是它沿泰晤士河的立面，平稳中有变化，协调中有对比，形成了统一而又丰富的形象，是维多利亚哥特式的典型表现，流露出浪漫主义建筑的复杂心理和丰富的情感。其内部一方面以帕金设计的装饰和陈设而闻名，另一方面也以珍藏有大量的壁画、绘画、雕塑等艺术品而著称，被人们誉为"幕后艺术博物馆"。威斯敏斯特宫作为全世界最大的哥特式建筑物，其雄伟之气，使同类建筑无法与之相比。从威斯敏斯特桥或泰晤士河对岸观

威斯敏斯特宫外景

赏，其壮观之势使人赞叹不已。

威斯敏斯特宫的屋顶镏金，塔尖高入云霄，庄严典雅。在宫殿南端有巨大而高耸的维多利亚塔，高 102 米，为全石结构，用来存放议会的文件档案，塔楼下面的白色大门只供英王使用。宫殿东北角是著名的钟楼，高 97 米，打破了宫殿平直的轮廓线。钟楼顶端的"大本钟"是向世界报告标准时间的装置。大钟四面各有直径为 6.7 米的圆盘，用 312 块乳白色玻璃拼镶，数十千克重的时针长 2.7 米，分针长 4.27 米，摆重 305 千克，总重 21 吨多。因其由本杰明爵士监制，故被命名为"大本钟"。最初，它每次上弦要由健壮的汉子用脚连续猛蹬 8 小时，还要由人拿钢槌击响报时，后于 1913 年改装为电动。从 1923 年起，它开始为英国广播公司播送钟声，每天准确报时 81 次。世界各地收音机收听到的伦敦台钟声便是这个大本钟发出的。

威斯敏斯特宫共有 14 个大厅。宫殿正中是八角形的中厅，由此形成南北和东西两条轴线。在中厅之上矗立了一座 91 米高的采光塔，构成了整个宫殿的垂直中心。由中厅向南通上

大本钟

议院，向北达下议院。在两院大厅和走廊里陈设着许多以历史和神话故事为题材的大幅壁画和雕塑。整个大厦陈设为宫廷格调，富丽堂皇，庄严肃穆。议会上、下两院分别设有议事厅。上议院的议事厅装潢以红色为主，陈设考究；下议院的议事厅以绿色为基调。

宫内的图书馆、会议厅、餐厅、办公用房等服务设施和政府有关管理机构围绕着一系列庭院布置。

威斯敏斯特宫虽数度重建，但作为威斯敏斯特宫一部分的"威斯敏斯特大厅"却是货真价实的古迹，是现在唯一保留下来的1097年的建筑物。威斯敏斯特大厅长60余米、高27.5米，以橡木为梁，原为征服者威廉一世的一个王子所建。这座大厅不对外开放，白天举行议会例会时，塔尖便飘扬着一面英国国旗。

威斯敏斯特大厅有过诸多用途。历史上主要用于重要司法运行，英国最为重要的3个法庭——王座法庭、民诉法院和大法官法院曾在此设置。1875年，三院合为最高法院，并继续在此开庭一直持续至1882年迁入皇家法院为止。除此以外，威斯敏斯特厅也用于重大审判，包括：英国内战后对查理一世的弹劾和国家审判，对威廉·华莱士、托马斯·莫尔、约翰·费舍尔、盖伊·福克斯、第一任爱尔兰总督托马斯·温特沃斯、1715年苏格兰叛乱和1745年起义以及沃伦·黑斯廷斯等案件的审判。

威斯敏斯特大厅同样也用于重大仪式。从12世纪到19世纪，王室加冕礼一直在此举行，1821年乔治四世加冕礼成为在此举行的最后一届加冕礼。他的继任者威廉四世认为花费过高而取消了在此举办的加冕礼。此外，该厅也用于国葬前追悼会的遗体陈列。该规格一般用于君主过世，20世纪英国历史上只有弗雷德里克·罗伯茨，即第一代罗伯茨伯爵（1914年）、温斯顿·丘吉尔（1965年）、伊丽莎白·鲍斯·莱昂（2002年）三位非皇室成员受此殊荣。

汉普顿宫（英国）

汉普顿宫有"英国的凡尔赛宫"之称，是英国都铎式王宫建筑的典范。1514 年，渥西主教购得此区，于 1515 年开始兴修建筑。其完全依照都铎式风格兴建，内部有 1280 间房间，是当时全国最华丽的建筑。后来渥西因为富比公侯，引来国王的不满，在其于 1830 年去世之后，他的这幢豪宅便为当时的国君亨利八世所有。亨利八世和安宝琳皇后进住此宫并开始扩建。英王爱德华一世即出生于此，据说伊丽莎白一世为躲避国会的耳目，曾把这里当做与情人幽会的爱巢。威廉三世和其妻玛丽曾聘请英荷两国的建筑师对它进行重修的工作。1838 年，维多利

汉普顿宫远景

亚女王正式将此宫开放给大众参观。其国王套房、大厅和花园是最值得参观的地方。

几百年过去了，现在的汉普顿宫数易其主，也不再是王宫，成为英国对外开放的一个著名景点。不过汉普顿宫对游人的诱惑并不仅仅在于它的奢华，而是那些境外旅游书上信誓旦旦地写着：你可以在此听到鬼魂的脚步声。

汉普顿宫近景

布莱尼姆宫（英国）

　　莱尼姆宫位于英国的伍德斯托克，是英国园林建筑的经典之作。它将田园景色、园林和庭院融为一体，显示出卓越不凡的风范。宫殿四隅建有方形塔楼，中轴线上的门廊和大厅则高高隆起，形成高低错落的房际线。四角塔楼明显的巴洛克风格和中央严谨整齐的古典式科林斯柱廊形成鲜明对比。宫殿高耸的角楼和楼顶上的小尖塔、门廊上方三角壁上的浮雕和屋顶栏杆上的雕像显露出一种浪漫而神秘的气息。如今，这座杰出的宫殿建筑已

布莱尼姆宫外景

列入联合国世界文化遗产名单。

布莱尼姆宫是 300 年前英国国王赐给著名将军约翰·丘吉尔的官邸。1704 年 8 月 13 日，他在巴伐利亚打败了路易十四的军队，取得了布莱尼姆战役的胜利。为了嘉奖他的功勋，国王封他为马尔伯勒公爵，并将这座府邸赐给了他。布莱尼姆宫是当时著名的建筑大师约翰·范布勒于 1705～1722 年间完成的一项杰作，这里的园林布局和建筑风格与马尔伯勒公爵建立的卓越功勋可说是相互辉映，共同为彼此增添了绝佳的风采。

英国前首相温斯顿·丘吉尔就诞生在布莱尼姆宫，他是第八代马尔伯勒公爵的孙子，他继承了这个显赫家族的优良传统，发挥了卓越的军事才能，在二战中成功地保卫了英国，并因其辉煌的政治生涯而名垂青史。

佛罗伦萨美第奇宫 (意大利)

　　4世纪中叶，佛罗伦萨城市中出现了很多精力旺盛和精明强干的家族，它们中尤为突出的是美第奇家族。过去这个家族中的代表是医生（这正是它们名字的含义），到15世纪中叶，已发展为银行家的美第奇家族成了佛罗伦萨最富有和最有影响力的家族之一。

　　老科西莫·美第奇，他表面上的身份虽然是一个普通市民，但实际上他是佛罗伦萨真正的统治者，因为政府里有一批可靠而忠诚于他的人。被称为"祖国之父"的科西莫·美第奇不想太招摇，因而长时间未能下定决心给自己的家族修一座宫殿，尽管宫殿的方案早就由建筑师菲利波·布鲁内莱斯基设计好了。美第奇家族小心谨慎的家长并未敢将建筑师的设想付诸实践，因为建筑师设想的建筑太过豪华了。

　　因此，曾有人说："布鲁内莱斯基为美第奇制作了一座房子——或叫做宫殿——的模型，它应当位于圣洛伦佐广场上，其大门与圣洛伦佐的门（中门楼）相对。如果按照布鲁内莱斯基的方案修建的话，那么现在地球上这样的建筑恐怕也是很少见的。"但因为科西莫觉得这座建筑花费昂贵，便将这个方案放在了一边，尽管后来他对此很后悔。因为布鲁内莱斯基在这个创作中倾注了他全部的才能，愤怒中他毁掉了这个方案，他说，他早就梦想着一生中哪怕只有一次能创作出一件罕见的艺术作品，他还以为他遇到了想要这件艺术品并且有能力建成它的人。

　　据考证，从来没有人看见过布鲁内莱斯基像在制作这件模型时那么快乐过。科西莫很后悔拒绝了这件模型，他说他从来都没有过这样的机会同如此高智慧的人交谈，他为此无比惋惜难过。

着手修建一座与他的业主身份相称的世代相传的宫殿时，科西莫·美第奇青睐于米凯洛佐的方案，因为正像上面所说的，他感觉布鲁内莱斯基的方案对于自由的佛罗伦萨的市民来说太过豪华，即便这个市民是最强大的。佛罗伦萨共和国宪法规定了新建筑的最大面积，也基于这个原因，科西莫否定了布鲁内莱斯基的方案，而选择了与之同时提交的米凯洛佐的方案。

平面图上的美第奇宫是一座几乎为正方形（40 米×38 米）的建筑。宫殿有 3 层，楼层的高度更加突出了整个建筑的宏伟。宫殿的墙以及镶了粗面石（粗糙的、未加工的石头）的下层就如城堡的墙一样坚固。而且，新的宫殿与以前几个世纪的家庭堡垒有本质区别：宫殿结构匀称，窗户漂亮，门都镶了边，第三层楼上还装饰了宽阔的古罗马式的漂亮屋檐，屋檐的塑性造型更加突出了墙的坚固。

正面的楼层彼此用不大的凸椽屋檐隔开，檐上固定着窗户的拱顶。最初宫殿的正面只有 10 扇窗户，但到 12 世纪时又加上了 7 扇。每一扇窗户的拱顶同时又被不大的柱子分隔成两个小拱顶。从外面能看

美第奇宫外景一隅

到宫殿二层的转角处安放着美第奇家族的纹章——放在光滑的底座上的6个小球，底座是一颗药丸的形状，令人想起行医——美第奇祖先最初的职业。

宫殿所有的屋子都绕着宽阔的内院分布排列，还有一圈精制考究的希腊科林斯式连拱柱子将内院围成一圈。院子的中间有一道通向花园的门，这座花园常常被称为第二座院。

第二座院（或叫花园）走向沿着宫殿的后正面并向北延伸，里面有无数的古文物。大门的两侧都立着经多纳泰罗和维罗基奥修复好的玛尔绪阿斯雕像。一座有底层那么高的栅栏将院子从三面围起来。栅栏上是齿状的飞檐，飞檐上科西莫·美第奇放了一个铜的多纳泰罗的头。这座花园并不大，但却非常宏伟，令走进去的人都会惊讶得停下来。

宫殿的第一层是主房以外的房间，其窗户从外面装上了坚固的金属栅栏。住人的房间在第三层，第二层是装饰豪华的正厅和宫殿小教堂，小教堂的墙从地板到天花板都画满了戈佐利的壁画。

但是美第奇宫许多房间的精美装饰到现在剩下的已经非常少了，只有一座小礼拜堂还保持着原来的主要轮廓。该厅由于其宗教祭祀用途而未遭受根本性的改变，只是在修了新的主台阶后变得稍微小了些。

小礼拜堂的地板是用名贵树种制作的，其和方形马赛克砖精心而优美地铺就。地板后面部分的图案更为豪华，可能是因为前面部分的地板在祈祷仪式时用地毯遮起来了。

在装饰小礼拜堂的天花板时主要的任务包括，要考虑到空间的局限性而尽力避免过于繁杂和厚重的造型，同时将小礼拜堂尽可能地装饰豪华，使之成为一个家庭圣所。由此天花板便尽可能多地被分成许多小部分，里面布满了大量细小的装饰图案。

小礼拜堂天花板上的主要位置画了彩色画，只有不多的几个地方做了雕刻使之凸显出来。华丽颜料所创造的效果直到现在还令人着迷，因为其除了蓝色的色调和华贵的金色，还采用了褐色、红色和白色的色调，与挂在墙上的戈佐利的华美图画结合在一起创造出炫目的魔幻感觉。

合唱厅的天花板装点得无比细腻而精致，上面由红色、蓝色和白色的美第奇的羽毛笔环绕耶稣基督的花体字图案组成一个花冠。如果凑近了看这白色，则能获得银色的视觉效果。它同时也形成一种底色，使投射到其上的蓝色、红色和金色都由这底色而获得某种闪光。

绘满壁画的底座制作得也非常精巧雅致，令人惊叹的镶边装饰上融入了美第奇家族的红色和黄色纹章。

在小礼拜堂里有一幅戈佐利画的教堂圣像画《魔法师的游行》。艺术家往这个圣经情节中加入了大量的佛罗伦萨市民，以美第奇家族的代表开始、以普通民众结束，而据说其在初步计划中画的甚至是以黑人结束。这个人物众多的游行活动在令人陶醉的美景中展开：在远处的绿色山丘上高耸着建有很多塔楼的白石城堡，通向城堡的是优美的、蜿蜒曲折的道路，苗条的树干雅致地托起蓬勃的树冠，鸟儿在空中飞翔。游行的队伍沿着浅灰色的平整弯曲的山路行进，骑兵手持长矛、带着狗力图追赶上正敏捷奔跑的扁角鹿。所有的一切，仿佛都活生生地就在人们的面前一样，让人不得不惊叹于画家的功力。

在洛伦佐·美第奇时代，该宫殿不仅是佛罗伦萨，而且也是整个意大利的人文中心——这个地方的艺术发展高度繁荣，以至于它的统治者也赢得了"豪华者洛伦佐"的称号。洛伦佐精通古罗马文学和哲学，甚至是古希腊的文学和哲学。洛伦佐还酷爱收集艺术作品，他很快就使美第奇宫变成了珍稀艺术作品的收藏宝库。

1659年，美第奇家族将他们的宫殿卖给了皮卡尔迪侯爵，因此这座宫殿也被称作"美第奇—皮卡尔迪宫"。1829年，该宫殿成为国家所有财产，经修复后成为博物馆并对公众开放。

梵蒂冈宫殿（梵蒂冈）

　　梵蒂冈宫位于圣彼得广场对面，自14世纪以来一直是历代教皇的定居之处，数百年来几经改建。梵蒂冈宫内有礼拜堂、大厅、宫室等，是世界天主教的中枢。宫内有举世闻名的西斯廷小教堂，它原是西斯图斯四世教皇的礼拜堂，过去一直是教皇私人用的经堂。其为长方形的大

梵蒂冈宫殿外景

观景殿庭院一隅

厅，筒形拱顶，长 40.5 米、宽 13.3 米、高 20.7 米，是公认的意大利文艺复兴时期的建筑杰作。但西斯廷小教堂最让人着迷的地方并不是它的华丽庄严，而是米开朗基罗所作的穹顶壁画。在其近 700 平方米的穹顶上，米开朗基罗历时 4 年创作了大小 60 多幅以圣经故事为题材的作品，刻画了 100 多个栩栩如生的圣经人物，其中又以著名壁画"创世纪"和"最后的审判"而最负盛名。

米开朗基罗最伟大的成就在于对这些人物的表现上，他以宏大的气魄把神人格化——把神画成人，裸体的、在自然环境中的人。在威严而高高在上的神权之下，伟大的艺术家竟然能有如此勇气在圣殿里借用圣经故事讴歌人性，传达人类灵魂的痛苦和欲望。

除此以外，能在梵蒂冈宫与西斯廷教堂比肩的建筑可能就要数拉斐尔厅了。

16世纪初，负责圣彼得大教堂与梵蒂冈宫的总建筑师是拉斐尔的叔父布拉曼特。为了让拉斐尔来梵蒂冈一显身手，建筑师说服了教皇朱理二世，请这个年仅25岁的画家前来罗马完成教皇办公室内一系列壁画。按照教皇原来的意图，在这间办公室内绘制的壁画有一个总主题，即赞誉天主教及其圣人先贤们——这意味着用富丽堂皇的壁画来宣扬罗马教权的威望。所有壁画的内容都必须涉及罗马教廷的历史，并且要把朱理二世及其继承人利奥十世的肖像画进去。按照这种要求，拉斐尔来到梵蒂冈后，对四面墙上的壁画作了认真的思考。现从这四幅大壁画的构图内容来看，要比原来钦定的纲领要广泛些，或者说，拉斐尔的构图基本上是与教皇的意图相矛盾的。画家在这里借助于不同的题材情节，试图表现一种人类智慧与文化的最高境界。因而尽管与教会的宗旨是不符的，却也让其难以反对——画家把当时社会崇尚的"神学""哲学""诗学""法学"四种学问用宏大的绘画来加以赞美，正符合了人文主义的思想内容。

　　拉斐尔廷原本是教廷的法庭，称为法庭廷，可拉斐尔却以《圣事论战》《雅典学派》等一系列著名壁画征服了教廷，逼得教皇不得不把法庭廷改称为拉斐尔廷。这种改头换面也从某种侧面证实了：在神

梵蒂冈宫殿内精美的壁画

学和人文精神的相互发展与斗争中，艺术，是一种具有多么强大力量的武器！

克里特岛米诺斯王宫 （希腊）

在地中海最大的岛屿克里特岛上，距海边 4 千米的地方有一座叫克诺索斯的小城。

克诺索斯有一位伟大的雅典艺术家、雕塑家及建筑师代达罗斯，他为国王米诺斯修建了一座著名的迷宫，宫中通道交错，无论谁只要一走进去，就再也找不到出口。国王米诺斯将他不贞的妻子帕西法伊关在了

米诺斯王宫遗址一隅

这座迷宫里，因为他的妻子迷恋上神物白牛，并生下了一个牛首人身的怪物米诺陶罗斯。

每隔7年雅典人都要向米诺陶罗斯献上7个小伙子和7个姑娘作为祭品。如此过了两个7年，到第三个7年时，阿尔戈斯的儿子忒修斯主动请缨去迷宫同这个怪物作战。他战胜了米诺陶罗斯并顺着米诺斯国王的女儿阿里阿德娜送给他的那条系在入口处的线，他顺利地找到了返回的路。

古希腊的神话是这样描述的，但事实上是否存在过这样一座迷宫呢？虽然当希腊人开始撰写自己历史的时候，迷宫已经不复存在了，可许多研究人员仍然认为它是世上的奇迹。如果仅仅只有关于它的生动记忆而没有任何可以证明它的文献，那么如何得知它是一座什么样的建筑呢？

今天我们能知道这一切得归功于英国考古学家伊文思，他曾到克里特岛去寻找一种他在牛津博物馆的印章上见到过的神秘的象形文字。伊文思原计划在此停留一周，但当他沿着伊腊克林市散步时，他的注意力被凯夫拉的山冈吸引住了，这座山冈令他觉得像是旧城上的土堆。于是伊文思开始了发掘。他挖了几乎30年，挖出来的不是一座城市，而是面积相当于一座城市的米诺斯王宫——克诺索斯迷宫。

史学界通常认为克里特（或米诺斯）文明主要是宫殿文明，因为正是宫殿成了这个独特社会系统的中心，没有这些宫殿克里特社会根本不可能存在。正如许多历史学家和考古学家认为的那样，第一批宫殿出现在克里特岛上的时间是公元前3000～2000年。正是在这个时期形成了宫殿群的基本框架，宫殿群主要聚集在一座大的由北向南延伸的内院周围。宫殿群的修建是以中心的一座院子为轴线开始的，然后在中心院的四周开始修建其他宫殿。

宫殿群的平面图很有可能一开始就是在克诺索斯形成的，因为这里曾经创造过有名的最大最复杂的建筑综合体。宫殿并非按预先设定好的

米诺斯王宫复原图

轮廓修建，而是由里向外建起来的。一些学者也正是以此来解释克诺索斯某些殿正面的不规则性。

奇异地错落在各个层面的建筑群体相互间由台阶和走廊相连，有些台阶和走廊甚至延伸到地下。宫殿的有些房间建在采光很好的位置，有些则陷于半明半暗之间。而光照的不均衡更增加了宫殿的神秘性效果。

米诺斯王宫曾多次改建和扩建，最后建成的一座殿长 150 米、宽 100 米。殿的主院的东西两侧都建有厢房，厢房的台阶向上延伸了有四层楼高，厢房还建了采光孔、小内院、走廊、大厅和起居室。

其余部分相互之间则通过名称、高度和建筑外形加以区分。比如，西边的楼有两三层高，一楼包括窄而大的仓库，小型祭祀室和华丽的居室。东边的楼则正好相反，深深地凹进山丘的斜坡下，只有最上面那层朝向内院的楼能露出来。同样的，西边是长长的柱廊朝向内院。

学者们将宫殿西侧的大厅权且称为"觐见厅"，因为这里绕墙一周放着宝座和椅子，显而易见，这是为朝廷的达官显贵们准备的。这里还有象征权力的图腾——双钺。由西侧大门通向顶层的正门楼梯上的缘饰证明了大厅昔日的豪华。缘饰上的壁画表现的是带着丰厚贡品的臣民列队行进的情形。

国王的内居室连同窄而明亮的柱廊小院、宽敞的大厅、明亮豪华的卧室都坐落在大殿的下方。

建筑手法的多样性在宫殿的内部装饰上创

米诺斯王宫的人物壁画

造了绘画透视效果，宽大的窗户和跨度宽阔的大门使四周环绕的景色呈现眼前，而柱廊则几乎抹去了内部装饰与外部世界之间的界限。清新的空气和明媚的阳光通过上层的特制窗户、拱顶和门上的小孔射入室内的各个角落。

克里特岛的建筑师们擅长在王宫内修建浴室，铺设排水和通风系统，调节冷热空气的供给，使室内保持恒温。为避免受到地震的危害，他们修建了富有弹性的墙，并交替使用石头和木砖。

宫殿地上地下的建筑中有无数的通道、秘道、楼梯、走廊。至于房屋看似无序的排列，学者们认为这是由于地震以及公元前 1380 年火灾后在损毁的原宫殿旧址上又新建了宫殿。

伊文思和助手在清理克诺索斯迷宫旧址时发现，在迷宫的墙上有许多精美的壁画。对这些壁画的研究又引出了新的问题：比如，精致梳妆台上的优雅仕女图是从哪儿来的？她们都梳着独特的发型，涂着艳丽的红唇，有着娇媚的笑脸。研究者将之称为"巴黎女子""美妇人""宫廷贵妇"。这些名称很适合她们，虽然实际上她们可能只不过是神婆、弄蛇女巫或女神。她们都是杨柳细腰，穿着蔚蓝色或鲜红色的蓬松钟式裙，袒胸露背，梳着绕有珍珠的独特发式……保养得很好的裸臂，小巧的鹰钩鼻，樱桃小嘴边凝着似笑非笑的表情……克里特花瓶上和宫殿的檐壁上还雕刻了大量装饰图案，上面的胭脂红漆、天蓝色漆、宝石绿漆及棕色漆直到今天仍未褪色。

在一幅壁画里，几个克里特人在表演斗牛。他们抓住牛的双角，在奔跑的牛背上翻跟头。这是什么——运动还是祭祀仪式？伊文思曾尝试弄清楚这些游戏进行的过程，但西班牙斗牛士告诉他，在奔跑过程中抓住牛角并在它作之字形奔跑中翻越牛背，这是人的能力所不可及的。然而从壁画上看这却是克里特居民喜爱的游戏。

在克诺索斯迷宫"金銮殿"的墙上画着神秘的狮身鹰首怪兽——长着狮身和鹰翅鹰头的动物。它们四周放满了盛开的百合花，因此一点也不觉得恐怖，反倒使它们更像优裕地生活在天堂花园里的居民，或是一种手工艺品。

看来，关于怪物牛米诺陶罗斯的传说并不是无中生有。克诺索斯迷宫墙上的浮雕以及在石制及金制的餐具上都能看到牛的图案——有的在友好地戏耍圆球，有的在狂怒中奔跑，而与之相伴的克里特斗牛士则难以说清是与之玩耍还是在与之搏斗。

牛的图腾崇拜在岛上曾经很流行，但是直到今天，学者们还是很难说清那里曾经是一种什么样的宗教。在米诺斯的建筑中，考古学家们还没有任何关于这方面的发现，就连稍微能沾得上边的寺庙也没有找到。

这就很令人奇怪了，因为这一类的建筑在与克里特毗邻的地中海东部及西部地区（如马尔他岛）都甚为流行。在比较了大量事实和考古发掘成果之后，学者们推断，在克诺索斯建筑中，正是宫殿取代了事实上并不存在的寺庙。

伊文思本人也认为，克诺索斯迷宫是一座圣所，是"祭司王"的住所，他作为女神的活化身同时也作为她的儿子，在这里与女神进行直接交流。因此王宫就成了神圣的女神与祭司王的总寺庙，因而不可能有其他形式的寺庙存在。

而克里特岛宫殿群的位置本身就说明了宫殿的神圣性。在米诺斯人的世界观中，自然景色的每一个细节都充满了深厚的宗教象征含义，因而他们把每一个细节都看做是伟大女神本身——而这座宫殿正位于女神的怀抱中。如今，抚开米诺斯王宫被历史尘封了千年的面纱，它仿佛依然要睡于女神的怀抱之中，残垣断壁中的一砖一石都以独特的姿势向世人展现着它耐人寻味的魅力。

🚶 无忧宫（德国）

　　无忧宫是 18 世纪的德意志王室宫殿和园林。位于德国波茨坦市北郊，为普鲁士国王腓特烈二世模仿法国凡尔赛宫所建。宫名取自法文的"无忧"或"莫愁"一词。整个王宫及园林面积为 90 万平方米，因建于一个沙丘上，故又称"沙丘上的宫殿"。宫殿正殿中部为半圆球形顶，两翼为长条椎脊建筑。殿正中为圆厅，其天花板上四壁镶金，光彩夺

无忧宫外景

目，室内多用壁画和明镜装饰，辉煌璀璨。宫殿前有平行的弓形六级台阶，两侧和周围则有翠绿茂密的树林。宫殿前有喷泉，正对着大殿门廊。此喷泉采用圆形花瓣石雕，四周有"火""水""土""气"四个圆形花坛陪衬，花坛内塑有神像，尤以维纳斯像和水星神像造型精美，形象生动。据说整个宫内有1000多座以希腊神话人物为题材的石刻雕像。宫殿东侧还有珍藏了124幅名画的画廊，这些绘画多为文艺复兴时期意大利、荷兰画家的名作。画廊宽敞明亮，每逢佳节，这里都会举办音乐会。花园内有一座六角凉亭，因其采用了中国传统的碧绿筒瓦、金黄色柱、伞状盖顶及落地圆柱结构，而被称为"中国茶亭"。亭内桌椅完全仿造东方式样制造，亭前还矗立着中国式香鼎。无忧宫是18世纪德国建筑艺术的精华，全部建筑工程前后延续时间达50年之久。无忧宫虽

无忧宫一隅

经战争，但未遭受炮火轰击，至今仍保存完好。

无忧宫著名的园林风景是由腓特烈大帝在伯恩施泰德的南侧山坡上建立梯形的葡萄山开始的。在这以前，这只是一块种有橡树的小山丘。在腓特烈·威廉一世时期，这里的树木被砍伐，用于建筑波茨坦市和加固泥泞的沼泽地带。1744 年 8 月 10 日，腓特烈大帝下令，将这片当时的"沙漠之山"开垦成葡萄梯形露台。

这片斜坡被规划成六个宽阔的梯形露台。为了达到尽可能地利用太阳射线的目的，墙被建成了以台阶为中心的微弓形状。其中承重墙的墙面被更换，取而代之的则是来自葡萄牙、意大利和法国的单株葡萄藤。梯形露台的前端则被绿色草坪覆盖，并被种植上了紫杉树和灌木加以分割。120 阶台阶（今天是 132 阶）被建筑在中轴线上，山的两边都建有坡道。

1745 年，山下的空地上建起了一座巴洛克风格的观赏花园。从 1748 年开始，花园的正中心建起了一个带有喷泉的蓄水池。但是令人遗憾的是，腓特烈大帝从未能亲眼看见喷泉喷水。因为在他的那个时代，还没有足够的技术让喷泉喷出水来。

无忧宫从 1750 年开始有大理石雕刻成的罗马神话人物，美神维纳斯、商业之神墨丘利、太阳神阿波罗、月神狄安娜、生育和婚姻之神朱诺、众神之神朱庇特、战神玛尔斯以及智慧之神米诺娃和连同具有比喻意义的四元素，火、水、风、土等被放置在水池的四周。其中爱神维纳斯，商业之神墨丘利以及两组狩猎队的雕刻家是皮嘉尔。风和水的雕像则出于朗贝尔·亚当之手。它们是法国国王路易十五的礼物。其他的雕像则来自于一个叫弗朗索瓦·亚当的人的创作室。而他的法式雕塑室则是腓特烈大帝在柏林亲自组建的。但这个完整的法式圆形花坛广场只保持到了 1764 年。

在它的附近还有一个菜园，是由腓特烈·威廉一世在 1715 年修建的。他通过将观赏性的花园和实用性的果园相组合的形式给无忧宫花园

无忧宫一隅

赋予了更大的价值。当然，起到决定性因素的是除了他爱吃新鲜水果以外，他认为艺术和自然应该要和二为一。

　　建筑在这葡萄山上的无忧宫，无疑又一次体现了人与环境融为一体的和谐。早在13世纪在马克勃兰登堡地区已经及为普遍的葡萄种植园从未被皇家作为观赏花园的装饰。而在无忧宫，这些普通的葡萄藤则成为葡萄山梯形露台的中心装饰。再配上山顶上那座小巧精致的宫殿，就更加的完美。用腓特烈大帝的话来讲，"它是我在葡萄山上的小屋。"对于无忧宫来说一年中最美的时节是夏季，每当这位普鲁士国王站在葡萄山上，如画风景尽收眼底。而他身后则是可以让他尽情享受和发挥个人才艺爱好的无忧之宫。而山坡上的无忧宫风车从1736年就已经矗立在那了，它也成为当时田园风情的一个标志。腓特烈大帝曾说，那风车装点了他的宫殿。

　　在无忧宫的一侧，有一座虽不宏伟但金碧辉煌的亭楼，该建筑被称为"中国楼"（亦称"中国茶亭"）。中国楼是一座六角凉亭，周围站立有各种亚洲形态的人物雕像，这些雕像包括整个亭楼外壁都用镀金装饰——它们确确实实是镀金的，因此现在的普通旅客都禁止触摸。中国楼顶部还有根据中国传说而凭想象制作的猴王雕像。

腓特烈大帝喜好各种文化，对东方古国中国也充满了好奇和向往，因而建造了此楼。他尽力搜集了各种来自东方的物品如丝绸和瓷器，以此装饰自己的中国楼，在布置上力求奢华以对应自己心目中那个富裕华丽的东方世界。

但遗憾的是，他本人一生从未真正离开过欧洲，而同期的欧洲人对当时中国的相互交流又相当有限，因此在布置包括设计雕像时，都大量掺杂了西方人包括大帝本人对东方的想象成分——如果仔细观察那些雕像，会觉得虽和所谓的中国人有些形似，但很多人物特征都还有欧洲人的影子在里面。

1990年，联合国教科文组织将无忧宫宫殿建筑与其宽广的公园列为世界文化遗产。

柏林的共和国宫（德国）

这座宫殿建筑的历史开始于 1443 年，当时在施普雷河两岸为选帝侯弗里德里希二世建了一座宫殿。后来这座宫殿进行了改建，到 16 世纪时，宫殿已是一座直角形建筑，边长分别为 167 米和 115 米，高为 33 米。这座建筑有 5 座大门，共 4 层，1283 个房间。建筑师泰斯从广场方向为城堡添建了一座新的侧楼，在 1580～1595 年选帝侯约翰·乔治期间完成了东面建筑的修建工作，并建成了 2 个内院。

但是，那个遥远年代的建筑到 20 世纪初时只保存下来一部分，在 1699～1716 年间，这一部分被纳入了由安·施吕特尔、冯·该泰和贝蒙三位建筑师设计的建筑群，构成了城堡与施普雷河右岸相邻的优美如画的正面。而这部分中特别有趣的地方是其中世纪的圆形塔楼"绿冠"。

新建的宫殿三个正面各有特色。安·施吕特尔建造的北正面给人的印象是阴暗寒冷的。但后来建造的有霍亨索伦王朝祖先青铜群像的平台冲淡了这种印象。城堡主门旁边是罗马皇帝塞普提米乌斯·塞维鲁凯旋门的仿制品。装饰它的是两组青铜雕像"驯马的骑士"（雕塑家克洛特的作品），这是俄国沙皇尼古拉一世赠送的礼物。

由建筑师冯·该泰建造的城堡西正面具有冰冷傲慢的外形。这一面的雄伟门廊装饰了两座莱辛制作的高浮雕，而直冲云霄的宫殿小教堂的圆顶是国王弗里德里希四世时建造的。很大的西院的中心有一组非常漂亮的群雕"屠龙的圣乔治"。这座院里每天中午都要进行国王卫队的交班仪式。

城堡的南正面也是由安·施吕特尔建造的，具有更加雄伟壮丽的外观，也更具有亲和力。

建筑师安·施吕特尔是按巴洛克风格将古老皇家城堡的内部进行装饰的。其中一个大内院的东面侧楼里是瑞士大厅，厅的左侧有2个外室。

按巴洛克风格装饰得豪华富丽的骑士（议事）大厅是整个宫殿最引人注目的地方。大厅四道门上的浮雕象征着世界的四个方向。装饰骑士大厅的水晶枝形吊灯是从沃尔姆斯国会大厦运到这儿来的，这里还有军官们献给国王的银制柱子，以及厚重的宝座。

白厅是为各种隆重活动和举行国家及宗教的各种仪式而修建的。装饰其大厅门廊的是表现基霍塔唐功绩的巴黎戈贝兰双面挂毯。

柏林的古老皇家城堡在它的大厅里见证了许多历史人物。腓特烈二世在这里诞生，在古老的宫廷小教堂受洗，后来小教堂变成了黑鹰大厅。1806年秋天，拿破仑在城堡里住过。1848年，在宫殿的一个阳台上弗里德里希·威廉答应召开普鲁士国会会议。

老城堡的一楼是国王弗里德里希·威廉二世的国王内室，专门用来招待贵客。1913年，俄国沙皇尼古拉二世到柏林参加弗里德里希·威廉二世的女儿的结婚庆典时，曾在这里下榻。

第二次世界大战时这座古老的皇家城堡被毁坏了，但这个地方并没有变成一个广场，因为它与一系列的历史事件紧密相连。1973年3月，德国政府决定在这里建一座共和国宫。在建筑师格拉丰德尔的领导下成立了一个大的创作集体，另外还有100多位艺术大师也参加了宫殿的艺术设计工作。

宫殿建得非常快，只用了3年便建好了。水平延伸开去的宫殿，无论其外部规模还是内部造型都很简单。经过深思熟虑的比例分布，漂亮材料（大理石、石榴石、木材、玻璃和金属）的巧妙运用，以及所有建筑装饰细节上的德国式的精细都赋予宫殿完美的和谐感。

共和国宫下层前厅的总面积有 1000 多平方米。大量的各种不同形状的顶棚灯从半圆形灯罩里发出柔和的光。流动的光线反射到保温玻璃上，便形成了常常被称为"玻璃花"的"玻璃树"。

"玻璃树"的树干用不锈钢制成，上面固定了高 3 米的绿色玻璃晶体半圆弧形。半圆弧形的网波纹状打磨光滑的表面向树干中心聚拢，形成一个数千条光线闪烁交织的球形表面。

这是参观者在共和国宫的主休息室里遇到的第一个"奇迹"。沿着门廊往上走，参观者见到的第二个"奇迹"是二层楼上面休息室墙上的16 副绘画作品。安嵌在明亮的大理石墙上的大幅图画远远地就吸引了人们的注意。所有的图画都是为装饰共和国宫而专门创作的，因此，它

共和国宫外景

们的高度都一样，是 2.8 米，但它们的宽度却彼此不同。

16 位风格各异的艺术家，每一位都有自己的视角、见解及自己的创作取向和钟爱的题材与情节。他们每个人都获得了完全的创作自由，"歌唱"着属于自己的歌曲。这些画中有诸如《研究吧，当你还不知道的时候》《昨天——今天》《创作的力量》《浴场上的人们》《给所有人的面包》等等这样的油画。

但是油画主题和情节的差异、每一幅画表现的情感、艺术表现手法的特殊性都不会影响到油画的整体效果，反而更令它丰富多彩——一些油画的宁静的抒情意境被另一些充满了紧张斗争节奏的油画所取代，哲学、史诗类的形象同一系列的日常生活情节比邻而居。

晚上，当各种各样奇形怪状的照明灯亮起来的时候，共和国宫就获得了特别的充满了梦幻情调的面貌，仿佛里面点燃了巨大烟花，还没熄灭就在一眨眼之间凝固在光怪陆离的星座之中了。

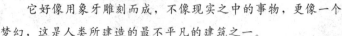
巴伐利亚"新天鹅堡"（德国）

> 高高的岩石上，天空的映衬下，
>
> 乌黑的森林，茂密地生长，
>
> 黑暗中只有瀑布轰鸣，
>
> 白色的城堡，像天鹅，
>
> 翱翔在森林上方。

这几句诗描写的是伊施万施泰因城堡新天鹅堡——它是实现了的幻想，是位于巴伐利亚白雪皑皑的阿尔卑斯山脉中的童话城堡。它好像用象牙雕刻而成，不像现实之中的事物，更像一个梦幻，这是人类所建造的最不平凡的建筑之一。直到今天伊施万施泰因还时常引起争议：一些人认为它是个奇迹般的童话城堡，而另外一些人认为它丑陋，是疯子才会修建的古怪建筑。

就连城堡的主人——巴伐利亚国王路德维希二世——也被一些人认为是个怪人，另外一些人（在国王晚年时）则干脆认为他是疯子，但他的子民却叫他"神奇的国王"。这位神秘的巴伐利亚君主到底是一个怎样的人？为何人们对他的看法相互矛盾？

法国诗人波尔·拜伦认为"他是19世纪唯一真正的国王"。而路德维希二世自己则引用席勒的悲剧《墨西拿未婚妻》的台词，说："我永远是个谜。"对许多历史学家来说他也是个谜，从他出生开始，他就是个谜。因此，只有了解国王本人，才可以了解他的城堡。他们之间的联

梦幻中的新天鹅堡

系太紧密了。

　　1845 年 8 月 25 日午夜，整个巴伐利亚都在等待尼姆芬堡王宫的消息，因为那天巴伐利亚国王马克西米利安和他的普鲁士妻子玛丽亚的儿子路德维希就要出世了。从童年起，爱幻想的路德维希就沉浸在浪漫的幻想中。他很喜欢去骑士城堡奥亨斯万高，和这个城堡有关的是关于高尚的巴伐利亚天鹅骑士罗恩格林的故事。在对由军人和宫廷乐师建立起来的城堡进行修复时，慕尼黑最好的画家绘制了壁画，主题就是所有和城堡有关的历史事件和传说。这些传说伴着路德维希度过了童年。

　　路德维希和他的小弟弟奥托从小就被教育要刻苦：很早就起床，吃简单的食物，稍一犯错就受到严厉的惩罚，每天要花很多小时学习科学和艺术，这个并没有给路德维希带来任何美学享受。所以，毫不奇怪，爱幻想的路德维希在厌倦了宫廷里严酷的训练后，开始在周围寻找现实的生活——文学、戏剧、音乐、绘画。

年轻的王子常常久久地注视墙上的壁画。这是关于尼伯龙根史诗中的情景：齐格菲的功勋及无畏的骑士与可爱的公主克林西尔德之间的浪漫爱情。这里他还看到了描绘中世纪诗人沃尔弗拉姆·冯·爱森巴赫关于罗恩格林的诗篇的壁画。

15岁时，路德维希去看了瓦格纳的歌剧《罗恩格林》，从剧院出来时他被深深震动了。也许，此时他心里第一次产生了一种把自己比作天鹅骑士的模糊感觉。

在长大的过程中，路德维希又发现了另外一个王国，它就在城堡的后面——美丽的巴伐利亚阿尔卑斯山脉。他在这里散步、骑马，在与大自然的交流中他感到了一种祥和，也喜欢上了普通的农民。在浪漫的自然和英雄骑士传说的熏陶下，路德维希也想大干一番事业，他等待登基

新天鹅堡近景

新天鹅堡近景

的那天。这时，他认识了作曲家和剧作家里查德·瓦格纳，得到了艺术家全部的作品——瓦格纳所有的作品陪伴他走过一生。

路德维希于 17 岁登基，手中有了权力，他最先做的国事之一就是把瓦格纳请到了慕尼黑，还把自己郊外的别墅给他使用。拥有权力和金钱，他成了瓦格纳的庇护者，他替剧作家还清了所有债务并答应支付他所有的开销，为的就是让瓦格纳"在美妙而纯净的艺术天空中尽情地舒展自己天才的翅膀"。此外，路德维希二世还创立了拜罗伊特剧院专门用来演出瓦格纳的作品，这里，后者尽情地把德国传说和童话搬上了舞台，他要用善恶之间的永恒斗争来吸引观众。于是在 20 岁的国王和成熟的剧作家之间产生了友谊。

路德维希二世登基之初，他对生活和政治都一无所知。他想成为自己人民的英雄，但政府需要的不是英雄，而是一个名义上的人物——只是国王的形象。先后在政治和爱情上遭遇挫折后，路德维希决定建造自己的梦中城堡。他建造了3个城堡——诺伊施万施泰因、林德霍夫和赫棱津杰，其中最著名的无疑是诺伊施万施泰因。

还在他父亲马克西米利安二世执政时，他就想把破旧的古堡施万施泰因（意思是"天鹅堡"）进行修复和重建，这是斯万高骑士们的祖居，而巴伐利亚的维特尔斯巴赫王朝就是由此开始的。父亲死后，路德维希拆毁废弃的古堡，建造了新的城堡——诺伊施万施泰因——新天鹅堡。诺伊施万施泰因于1869年开始建造，但到快完工时人们才明白，城堡变成了浪漫主义纪念碑和瓦格纳的神庙，因为路德维希二世自己称瓦格纳为国王。但这一创举就像路德维希其他的决定一样，使周围的人认为他没有理性思考的能力，作为君主，他不善于正确的看待问题。他被宣布为没有责任能力——"陛下患了一种精神疾病，就是心理医生们常说的妄想症。"

新天鹅堡和路德维希从小就喜欢的奥亨斯万高城堡风格相似，但比后者面积更大，也更富丽堂皇。路德维希在世时只是建完了宫殿的建筑，其他的都是在他死后才完成的。

狭窄的螺旋塔和宽阔的正门楼梯，人造钟乳石洞、哥特式、巴洛克式和摩尔式的卧室，金銮殿……金銮殿的宏伟、明亮和绘画让人眼花缭乱，而里面闪烁着的象征和神秘的符号让人震惊。

大厅与其说是世俗性质的，不如说是宗教性质的，其采用的是拜占庭式风格。它上面的长廊由一些不大的白色大理石和青金石柱子支撑；下面的柱廊由16个巨大的紫红色石柱组成；地板的马赛克上是动物和植物的图案。

金銮殿豪华的装饰说明君权的宗教来源。巴伐利亚国王比任何一个人都清楚地意识到自己国王地位的神圣，意识到自己有责任巩固它，梦想着恢复绝对集权制。国王是天地的中间人："君权神授"——这就是金銮殿的主要思想。

大厅深处半圆形的壁龛里是《荣誉基督》，其周围是基路伯和星星花环，旁边是圣女和为人类祈祷的施洗者约翰，再往上是圣灵的七顿圣餐。

这些画中有一幅表现的是宗教法律的代表——圣徒，而另一幅表现的是所有时代和人民法律及信仰的布道者：赫尔墨斯、查拉图斯特拉、曼那、索龙及奥古斯特皇帝。

金銮殿的另外一端画的是骑白马、穿着天鹅骑士服装的圣乔治和大天使迈克尔——他是巴伐利亚的保护者，曾经吓退了恶龙。下面是几位神圣皇帝：波兰卡西米国王、匈牙利斯特凡国王、德国皇帝亨利、法国国王路易十四、西班牙国王费迪南、英国国王爱德华七世及女王伊丽莎白和克罗吉尔达。

金銮殿的大厅就像星空一般，其天地之间是皇冠形的镀金吊灯。皇

新天鹅堡的夜晚

冠吊灯是由著名的工匠沃伦伯格完成的，其有96个枝形烛台，大概有一吨重，借助绞盘才可以升降。

从金銮殿再向上一层有一个不大的平台，这是前厅，其屋顶也被描绘成缀满金色星星的天空，它由一整块大理石做成的棕榈形状的柱子支撑。棕榈树绿色羽状的树冠下是鲜红的成熟果实，而树下是一条盘旋的大理石龙，好像要够到果实。据说，路德维希曾在此驻足良久，陷入沉思，好像在思索他那遥不可及的理想。

皇帝卧室里有沉重的哥特式家具。家具的核桃篷盖是17个工匠耗时5年才雕刻完的。床的帐子上绣着月亮和星星，这样皇帝就可以感觉到他是躺在天空下。

路德维希二世的书房很豪华也很严谨：把书房和起居室分隔开的门帘和屏风采用的是很厚的绿色丝绸，并绣上金丝。他的书桌镶嵌有孔雀石，上面盖的是绿色的天鹅绒桌布。所有的书写用品都由纯金、象牙和宝石制成，上面都有象征性的天鹅。而彩色镶框里镀金信笺夹上的搪瓷天鹅则更雅致。

在起居室的圣堂里有个象牙制作的漂亮的耶稣受难十字架，圣堂前面是个蒲团，上面的天鹅绒由于国王经常下跪已经磨旧了。"磨旧的天鹅绒比金銮殿里的宗教图画更能说明国王笃信宗教。那里闪现着伟大的立法者和老师，而这里可以看到为我们而祈祷的虔诚的基督徒。"

书房后面是人工钟乳石洞，这很像瓦格纳的歌剧《汤豪塞》中的场景。洞里面有雅致的克拉拉大理石喷泉。透明的玻璃门上画着淡淡的天鹅图案，将钟乳石洞和阳台隔开。从阳台可以看到远方美丽的景色：翠绿的山谷、山丘和湖泊。

城堡建成后，除了路德维希二世本人及其几个身边的人之外，很少有人来。只有国王在此度过了自己早已习惯的漫漫孤寂。他白天睡觉，到了晚上才起来，神秘的月光洒满山冈——此刻，这样的山除了他之外，没有人看得到，极为孤独的他最后只能一个人在此滑雪橇。

　　路德维希二世古怪的行为使得流言乱飞。王室中有人开始说国王完全丧失了理智，认为他喜欢德国文学，尤其是关于齐格菲的史诗，这是一种病态。其实，王室成员之所以不安，是因为路德维希在自己那些古怪念头上已经花费掉了王室800年来所积攒的财富。

　　让人遗憾的是，很快，一切都结束了。这些美妙城堡的建造者路德维希被宣布丧失了行为能力：在1886年6月一个明亮的夜晚，他被逮捕并被送到施塔恩贝格湖畔的贝格夏宫。6月13日晚，已经退位的路德维希二世和心理医生古登沿着湖边散步。但到了夜里也没有回来，后来，派去寻找他们的仆人在湖边的浅水处找到了他们的尸体。路德维希擅长游泳，因此后来关于他的死亡有各种各样的传言。但是这位"神奇的国王"在没有查明死因的情况下却被掩埋了。在众人的注视下，装有国王尸体的棺材被放到了慕尼黑圣米夏埃尔教堂的墓穴里，墓志铭上写着："最不可思议的国王。"

　　铁血宰相俾斯麦后来说："路德维希二世死后世界会改变对这位杰出国王的看法的。他的国务活动根本不是什么愚蠢的行为。"那些皇室中的妒忌者不止一次说，这个"疯狂的败家子"留下了1400万多金马克的债务。但直到现在还有成千上万的人来到巴伐利亚阿尔卑斯山脉的"王室艺术家园"——新天鹅体堡。在这个城堡里从来没有响过武器的声音，没有炮声，没有流血事件。这里总是音乐飘飘，这里住着一位"神奇的国王"，他曾说过："人们说我是个疯子。难道召唤我去的上帝也这样认为吗？"

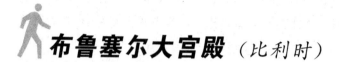

布鲁塞尔大宫殿（比利时）

由于地理和历史的原因，布鲁塞尔市区呈五角形，以中央街为界限，共分为上城和下城两部分。上城区是王权贵族阶级的聚集地，王宫、大法院、美术馆和大教堂等雄伟华美的建筑均坐落于此。从上城区下一面大坡之后才是市民阶级聚集的下城区。而布鲁赛尔大宫殿就躲在这一大片民居建筑中，被纵横交错的古老街道和普通民房所遮掩。要看到它，必须经过连通它的六条小巷中的一条，随着拥挤的人流缓缓前行。来到小巷的尽头，便似河流汇入大海，人群倏然散开，大宫殿就柳暗花明地兀现在你的面前。大宫殿呈长方形，长 110 米，宽 68 米。它的这种低调内敛的隐藏，给人由狭窄到开阔、由局促到舒朗的美妙体验。在看到宫殿的那一瞬间带给人的惊喜和愉悦，足以让人很快消除旅途的疲劳，享受在此的美好时光。欧洲现存的大多数城市宫殿都是中世纪的产物，其建筑物以教堂、礼拜堂、钟楼为主体，把上帝视为宫殿的主人。而这座始建于 13 世纪的布鲁赛尔大宫殿，虽然四周矗立着 40 多座哥特式、文艺复兴式、路易十四式等风格迥异的建筑，但却没有一座是宗教建筑。除了市政厅和它对面的路易十四的行宫外，其他建筑物都是 17 世纪各行各业的会所办公楼。

如此地淡化宗教，在欧洲的宫殿中并不多见，它本身就充分突显了宫殿"人民化"的个性。而众多行业会所聚集于一个宫殿，在欧洲更是绝无仅有。其不仅体现了当时欧洲社会分工和行业发展状况，而且也反映出宫殿的服务功能及宫殿规划者的便民意识。

　　布鲁塞尔大宫殿是广大市民和游客的天下，建筑内外都弥漫着浓郁的市井生活气息：咖啡馆、酒吧、海鲜店、冷饮店、服装店、鲜花店，鳞次栉比。其中很多店都是百年老店，马克思、恩格斯和雨果都曾经是这些店家的座上宾。21世纪的布鲁塞尔大宫殿对市民娱乐生活发挥着重要作用。新年前后，这里是圣诞市场，人们在这里购物、狂欢；每年5月，这里举办布鲁塞尔一年一度的"夏季沙滩排球赛"，人们在宫殿空地堆起从海边运来的沙子，感受沙滩运动的刺激；每隔两年的8月，是"大宫殿鲜花地毯节"，人们用数百吨鲜花瓣拼缀而成的巨型"鲜花地毯"覆盖了宫殿的花岗岩地面，使宫殿变成了花的海洋。平时宫殿也是一派鸟语花香的景象；早上，宫殿是花市；傍晚，便花去鸟来，变成了鸟市。在市政厅的二楼阳台上，经常有新人

布鲁塞尔大宫殿外景

在市长面前登记完婚后携手向宫殿上的亲友和游人致意，接受人们的欢呼和祝福，然后坐进礼车，带领车队绕宫殿一周，一路鸣笛驶向外面的街道。这些活动，这些场景，都包含着丰富的人文趣味和市井情调，让你情不自禁地应和大文豪雨果当年的咏叹：这真是一个丰富多彩的大舞台。

宏伟的宫殿是中世纪的建筑，是布鲁塞尔拥有财富的象征。举世闻名的布鲁塞尔大宫殿周围的建筑物多为中世纪所建的哥特式建筑、文艺复兴式建筑、路易十四式建筑等建筑形式。其建筑风格各异，使人有宛如置身于中世纪之感。宫殿一侧有一座5层的建筑物，那就是著名的天鹅咖啡馆，它曾是马克思和恩格斯当年居住和工作过的地方，与著名的市政厅相邻，因门上饰有一只振翅欲飞的白天鹅而得名。1845年2月，马克思由巴黎迁居至布鲁塞尔，同年4月，恩格斯也从巴黎迁来。从此后，天鹅咖啡馆成为他们共同创建共产主义通讯委员会和德意志工人协会的重要活动场所。在此期

布鲁塞尔市政厅外景

间马克思写出了著名的《哲学的贫困》和《共产党宣言》等作品。现在天鹅咖啡馆也叫天鹅餐厅。法国著名作家维克多·雨果的公寓就坐落在天鹅餐厅的左侧。其附近还有一座大楼，原是法国路易十四的行宫，现已辟为博物馆。

被科克托称之为"世上最华丽的剧场"的布鲁塞尔大宫殿，无疑也是世界最美的宫殿之一。它与布鲁塞尔的历史同样漫长，几个世纪中，其一直是布鲁塞尔举行重要活动的地方。皇帝和国王在此祭祀；多次举办比武大会；埃格蒙特伯爵和霍尼斯伯爵在这了脑袋；佛朗索瓦·安尼森被推上断头台……大宫殿目睹了诗人魏尔兰和兰波发生的争执，也是维克多·雨果流亡生活时的落脚之处。

1402年开始建造的市政厅占据大宫殿一隅的大部分，到1480年才大体竣工。由建筑师简·范·鲁伊斯布罗艾克为伯冈蒂公爵设计的令人目眩的91米高的尖塔可追溯到15世纪50年代。塔顶上5米高的脚踩撒旦的天使长圣·迈克尔铜雕用作风向指针，拱门上是100多座雕像，均是19世纪原作的再现，市政厅内装潢考究的房间里悬挂着布鲁塞尔的挂毯和绘画。内庭园中的两个喷泉代表比利时两条主要河流——斯海尔德河和默兹河。它的正面现在是王宫，12世纪时是面包店，面包师傅在此兜售着自己的产品。1515年布拉邦特公爵查理五世不得不拆除原来的破旧房子，重新建起我们今天看到的辉煌杰作。1767年的复辟事件毁坏了大部分建筑，因此从1872年到1895年，按照1515年的原有布局对王宫进行了重建，并保留了部分旧有建筑。新建筑的内部是公共博物馆。

宫殿另一边是布鲁塞尔城市历史博物馆，曾是西班牙统治者的长官寓所。其按照16世纪原有的华丽的风格，在1873年至1895年间全部重建，最吸引人的展品是作为礼品赠予该城的福神历时几个世纪的300多件服饰。这些房屋常根据装潢特征命名：7号屋是狐，门道上方有一只金狐；维克多·雨果住的26号是鸽子；高高凌驾10号金

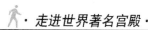

树的是一座骑士塑像；属于射手行会的 5 号是狼，门上方是狼给罗姆鲁斯和雷斯喂奶的画面。山墙顶上是布鲁塞尔再生的象征：一只巨大的金凤凰。在距宏伟的大宫殿不远有一条大街，街上有一尊男孩向大理石喷泉池中撒尿的青铜雕像。这尊 61 厘米高的雕塑可追溯到 19 世纪，它取代了原先陈旧的雕塑。关于撒尿男孩雕像有许多传说，有一个传说讲小男孩调皮地在一邪恶的仙子前门台阶上撒尿，被当场抓住，仙子将他变成石人。人们对撒尿男孩雕像充满深情，在重要的场合，会给他穿上专门的服装。1698 年，巴伐利亚的选帝候赠予他第一件服装，1747 年法国路易十五送他一套金丝织成的锦缎衣服，从那以后，又有许多馈赠给他的外衣，迄今为止，足有 300 多件，这些衣服现在都陈列在博物馆里，成为世界各国与比利时友好的象征。

托普卡帕故宫（土耳其）

　　托普卡帕故宫，是土耳其最大的博物馆，在土耳其古都伊斯坦布尔的欧洲部分、黄金角海湾南岸一个叫"皇宫鼻"的山顶上。"皇宫鼻"像一个伸入海中的小半岛，其右前方为广阔的马尔马拉海，左前方是博斯普鲁斯海峡入口处，景色绮丽。托普卡帕故宫是奥斯曼帝国鼎盛时期，25位苏丹住过的宫殿，于1478年建

托普卡帕故宫外景

成，作为皇宫达400年之久，是奥斯曼时期宫殿建筑的杰出典范。土耳其共和国成立以后，将这座王宫改为博物馆。

　　这座宫殿占地近70万平方米，四周有5公里长的宫墙环绕。整个宫殿有7座大门，4座朝陆地，3座朝海洋。其中主要的一座大门面对圣索菲亚教堂。全宫分3个内苑，四旁环绕着成组的宫室，其中有名的建筑有：1472年建筑的彩石砖阁、谒见厅和保留着先知穆罕默德圣物的圣堂，以及为纪念1638年攻下巴格达而建的精致的巴格达亭等。托普卡帕故宫博物院分瓷器馆、土耳其国宝馆、苏丹服饰馆、古代刺绣

托普卡帕故宫庭院一隅

馆、古代武器馆、古代钟表馆等，还有一座图书馆及书法展览室。在苏丹服饰馆里，有历代苏丹和后妃穿过的丝制大袍，十分华丽。据说，当年东罗马帝国拜占庭的皇帝穿的皇袍，就是从中国运来的丝绸制作的。那时世界上只有中国能缫丝织绸，这些丝绸的色彩鲜艳，质地柔软，通过"丝绸之路"运到君士坦丁（伊斯坦布尔的古称），成为宫廷珍品。托普卡帕故宫最为精彩的收藏，是中国的瓷器，人们称这里是中国陶瓷的宝库。瓷器馆是由10间宽敞的圆拱顶御厨房和带有青铜大门的后妃们居住的闺房改成的。馆内收藏有2万多件来自中国宋、元、明、清时代的瓷器，其中有一只白底蓝花明朝烧制的瓷碗，上面有苏东坡《赤壁赋》的全文及苏东坡游赤壁的中国画。还有一套中国青花餐具，是世上少见的16世纪珍品，据说用这套瓷器进餐，如遇有毒物，餐具会立即改变颜色。陈列馆中还有色彩醒目、造型美观的元末明初的大碟、大钵，有南宋到元明时代出产的各种类型的青瓷。这里还挂有一幅画，描绘奥斯曼苏丹梅赫梅特二世宴请外国使臣的场面，宴会上用的全是中国的瓷器。因此，在今天的土耳其语里"中国"和"瓷器"是一个词。托普卡帕博物馆还收藏了历史上许多罕见的文物和文献，其中有：阿麦德一世的御座，其从椅背到椅脚全部由纯金覆盖，并镶有 1000 多颗巨大的钻石、红宝石等各种宝石；苏丹的王冠、宝座；装有几百粒钻石的闪闪发光的甲衣；重 48 千克、一人高的金制烛台，上下镶着 6666 颗钻石，光泽耀目，巧夺天工。

托普卡帕宫从穆罕默德二世（征服者）到 1856 年以来，一直都是历代奥斯曼苏丹的寝宫和办公场所。当后来阿普杜勒·迈吉德搬到多尔马巴赫切宫后，它就作为政府的行政中心。

托普卡帕故宫城门

宫殿外侧是绿木葱郁的第一庭院；第二庭院是帝国时代水晶制品、银器以及中国陶瓷器的藏馆；第三庭院设有谒见室、图书馆、服装珠宝馆，在这里可以参观世界第二大的钻石以及价值连城的中世纪绘画书籍。托普卡怕皇宫外围有很高的城墙，建于15世纪，占地700万平方米，皇宫里有各类主题的展馆，其外观造型和内部设计都渗透着浓厚的伊斯兰教文化，有圆顶清真寺之类的建筑，也有尖顶碑状之类的建筑。展馆与展馆之间有绿化带隔开，因为是依山傍海而建，站在高处还可俯视大海和山脚下古城墙的断壁残垣，颇有悲壮之感。

托普卡帕宫最大的城门就是帝国门，它面向圣索菲亚广场。这道门首先通往以"第一宫廷"著称的一座公园。在这座公园里建了一座曾经用作弹药库的艾立尼教堂，教堂背后还有一座造币厂。过去，第一宫廷里错落有致地建有各式各样的亭阁，它们分别服务于各种宫廷需求。在后来的岁月中，它们逐渐被公共建筑和学校所替代，但其中的一部分目前仍然屹立着。在19世纪末期，位于第一宫廷西北方的一座公园里建造起了考古博物馆和美术学院（现为东方艺术博物馆）。这部分区域里最古老的建筑是由法提建造的斯尼里斯克，它现在是土耳其陶瓷博物馆。

在面向帝国门的外公园城墙上，有一座过去奥斯曼苏丹用来检阅的阅兵台。在20世纪早期，市政当局规划了一部分外围公园，并向公众开放，它就是如今著名的古尔哈尼公园，公园的入口是托普卡帕宫最大的一座城门之一。

在所有这些建筑背后，便是昔日苏丹和他的庞大家庭生活的地方，也被称为第三宫廷区。因此，这一部分的禁卫尤其深严。护卫其大门的阿卡拉兵营就安扎在大门两侧。在大门的正对面就是皇宫大厅，也就是参拜厅。在这里，苏丹接见各国大使以及大维西尔、维西尔等政府高官。

通过位于国库厅两侧的一些幽静隐蔽的小通道，就可以进入第四宫

廷区。这个宫廷区有两个不同区域，而建筑物主要集中在第一区。

18世纪期间，当托普卡帕宫的外形最终固定下来的时候，在它的里面一共聚居了超过1万多的人口。因此各个时代根据新的需要不断增添了一些新的建筑，于是它的建筑风格并不一致。然而，这却使得我们能够在托普卡帕宫里，追踪从15世纪一直到19世纪中期的奥斯曼建筑发展的不同阶段。可以看出，15～17世纪的奥斯曼建筑相对简单朴素，而18～19世纪的建筑则相对复杂，尤其是在宫殿外观和内部装饰上。

1924年，托普卡帕宫被改建成为一所博物馆。该宫殿的许多建筑，例如哈仑区、巴格达亭、雷梵阁、索法阁和参拜室都成为建筑学上的杰出瑰宝。

贝勒伊宫（土耳其）

　　贝勒伊宫是土耳其城市伊斯坦布尔的著名宫殿，修建于 1861～1865 年，是苏丹·阿布都拉兹在博斯普鲁斯海峡的亚洲区沿岸，用白色大理石为原料建造的一座宫殿。

　　种满玉兰花、庭院如梦境般的贝勒伊宫，过去是苏丹的夏日别墅和外国贵宾的招待所，它给很多来访的权贵们留下了深刻的印象。

　　贝勒伊宫是由萨基斯·巴尔严设计的一座具有巴洛克艺术风格的建

贝勒伊宫外景

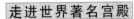

筑，其中最宏伟雅致的"夏垒"是苏丹们生活、娱乐的地方，可谓奢侈至极，庭院里有来自世界各地的奇花异木，其景色被称为博斯普鲁斯海峡最杰出的一角。

贝勒伊宫最为吸引人的是其拥有水池和喷泉的接待大厅。喷泉是土耳其式房屋中非常流行的一种装饰，人们可以在欣赏如美妙音乐的喷泉同时感觉到它为房屋起到的降温的作用。

在贝勒伊宫周边还有一处面积达16万平方米的，由一个狩猎场、一座动物园以及一个种满来自世界各地的奇花异草的花园所组成的一片区域，游客可以在此欣赏到典型的土耳其风格的园艺杰作。

白　宫（美国）

　　白宫从前并不是白色的，也不称白宫，而被称作"总统大厦"、"总统之宫"。它在 1792 年开始修建时是一栋灰色的沙石建筑。从 1800 年起，它成为美国总统在任期内办公和与家人居住的地方。在 1812 年，第二次美英战争中，英国军队入侵华盛顿，并于 1814 年 8 月 24 日焚毁

白宫外景

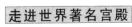
了这座建筑物，只留下了一付空架子。1817 年重新修复时为了掩饰被火烧过的痕迹，门罗总统下令在灰色沙石上漆上了一层白色的油漆。此后这栋总统官邸便一直被称为"白宫"。1902 年，美国总统西奥多·罗斯福正式把它命名为"白宫"，其后来成为美国政府的代名词。

白宫是美国总统府所在地，对人们来说白宫总是充满了神秘感。根据白宫支出由全体纳税人担负的原则，白宫的一部分在规定时间内向全世界公民开放，因此成了游人观光的热点。

在 200 多年的岁月中，白宫风云深深影响了整个世界的历史，白宫建筑群也成了历史性建筑。它带有浓厚的英国建筑风格，又在随后的主人更替中一层层融入了美国建筑的风格。朴素、典雅，构成了白宫建筑风格的基调。

白宫的基址是美国开国元勋、第一任总统乔治·华盛顿选定的，它始建于 1792 年，并于 1800 年基本完工。有趣的是，第一位入主白宫的总统并不是第一任总统华盛顿，而是第二任总统约翰·亚当斯。从此，美国历届总统均以白宫为官邸，使白宫成了美国政府的代名词。

白宫的设计者是著名的美籍爱尔兰人建筑师詹姆斯·霍本，他根据 18 世纪末英国乡间别墅的风格，参照当时流行的意大利建筑师柏拉迪的欧式造型设计而成，用弗吉尼亚州所产的一种白色石灰石建造。

白宫共占地 7.3 万多平方米，由主楼和东、西两翼三部分建筑组成。其主楼宽 51.51 米，进深 25.75 米，共有底层、一楼和二

白宫第一位主人约翰·亚当斯

楼 3 层。

白宫底层有外交接待大厅、图书室、地图室、瓷器室、金银器室和白宫管理人员办公室等。

白宫图书室约有 60 多平方米,室内的桌、椅、书橱和灯具等,均为古典式风格。该图书室藏有图书近 3000 册,其中不乏美国各个时期著名作家的代表作。此外,这里还存有美国历届总统的有关资料。在藏书壁柜旁的墙上挂着五幅印第安人的画像,这是当年美国总统在白宫会见过的印第安部落代表团的成员画像。

地图室珍藏有各种版本的现代地图集和一幅名贵的 18 世纪绘制的地图。第二次世界大战期间,这里曾是罗斯福总统研究战争形势的密室。从 1970 年起,此处已改为接待室,室内挂着本杰明·富兰克林的画像和美国 19 世纪哈得逊河画派的风景画,如哈特作于 1858 年的名画《山间湖水》等。

金银器陈列室藏有各种精致的英、法式镀金银制餐具和镶金银器。

瓷器室收藏有历届总统用过的瓷制餐具,其中有一套从中国进口的名瓷。

白宫是美国政要名流的舞台,也是全世界最好客的元首官邸,两个世纪以来四十多位白宫主人在这里工作与生活。它的每个房间都有说不完的故事。新的主人为了显示其统治权总喜欢改变原有的装潢或摆饰,以表明新主人的不同品味,因此,白宫总是以新的面貌迎接它的主人。

总统办公的椭圆办公室最让人好奇。该办公室位于西翼的旁边位置,对面是总统专属的玫瑰花园,相传肯尼迪的子女常在花园和办公室之间跑来跑去的游玩,年轻的总统常在办公的闲暇时与他们玩耍,留下许多温馨的画面。在肯尼迪时代,他曾邀请过各种音乐大师、诗人作家、演员歌者等到白宫来表演,白宫又成了这些人展示艺术的舞台。

东翼的前花园是杰奎琳花园,杰奎琳是对白宫最有贡献的第一夫人了。她为了将白宫变成一座极有价值的博物馆,开始有系统的收集与白

白宫夜景

宫历史有关的文物，四处搜寻古董真迹。在白宫历史学会成立后，她请来博物馆的专家将白宫所有收藏重新审视整理编目，赋予了白宫历史的新内涵。

主楼的二层，为总统全家居住的地方。主要有林肯卧室、皇后卧室、条约厅和总统夫人起居室、黄色椭圆形厅等。林肯卧室是林肯办公和召开内阁会议的地方，著名的《解放黑人宣言》即在此签字。以玫瑰色和白色为主调加以装饰的皇后卧室，曾接待过英国伊丽莎白女王、荷兰女王等贵宾。

白宫西翼由西奥多·罗斯福总统主持，于 1902 年建成；东翼由富兰克林·罗斯福总统主持，于 1941 年建成。其中最主要的厅室是西翼内侧的椭圆形总统办公室。它宽敞、明亮，地上铺着一块巨大的蓝色地毯，地毯正中织有美国总统的金徽图案：50颗星排列成圆形，环绕着一只鹰。办公室后部两侧分别竖立着美国国旗和总统旗帜。正面墙上是身着戎装威容凛然的华盛顿油画像，两边摆着两只雅致的中国古瓷花瓶。办公室左边墙架上陈设的外国贵宾赠送的礼物中，有中国1979年赠送的"马踏飞燕"仿古青铜器。总统的大办公桌上放置着这样一条座右铭："这里要负最后责任。"

白宫的南面，是一个由粗大的乳白色石柱支撑的宽大门廊，正面4根，旁边各2根。门廊的正前方就是有名的南草坪，总统的直升飞机座机可在此起落。由于白宫是坐南朝北，因此南草坪就成了白宫的后院，通称为总统花园。园内，灌木如篱，绿树成荫，修剪整齐的草坪中有一水池，池中喷泉喷珠吐玉，高可数丈。池塘四周的花圃里，经常是姹紫嫣红，繁花似锦。南门前两侧有8棵枝繁叶茂、生机勃勃的木兰树，已有150年树龄。国宾来访时，都要在南草坪举行正式欢迎仪式。每年春天的复活节时，总统和夫人都要在这里举行传统的游园会。

白宫现在供游人参观的部分主要是白宫的东翼，包括底层的外宾接待室、瓷器室、金银器室和图书室，一楼的宴会厅、红厅、蓝厅、绿厅和东大厅。它是世界上唯一定期向公众开放的国家元首的官邸。

国家楼层之上是总统和家人居住休息的地方，也用来招待重要贵宾，世界各国领袖或王公贵族都以住过白宫为荣。

从海斯夫人开始，在各个房间悬挂总统及夫人画像成为白宫新旧主人的共同爱好。目前在蓝厅挂有四位早期总统画像：亚当斯、杰弗逊、门罗和泰勒，国宴厅则悬挂着林肯画像，东大厅则有华盛顿画像——这是喜爱社交的麦迪逊夫人多莉对白宫唯一的功绩。两百多年的时光弹指流逝，只有华盛顿的画像在这里，注视着由他一手创立的国家。

落成伊始的白宫，生活条件显然不能与今天同日而语，以至于到现在还流传着一个笑话：由于当年的白宫，"连最起码的栅栏、院落或者其他可以使用的东西都没有"，亚当斯夫人只好在东大厅里拉起晾衣绳，

将洗好的衣服晾在那里阴干。对于搬进这座"光秃秃的、巨大而丑陋的建筑"，亚当斯夫人心有不快，在写给女儿的信中，她牢骚满腹地说："这座房子经过修整，看上去是可以住人了……但在这座巨大的建筑中，居然连一个召唤仆人的铃铛都找不到。"由于没有足够的人手去砍伐和搬运木材，在这座刚刚落成、尚有潮气的宫殿里，取暖成了大问题。直到1853年安装了水暖器材后，白宫才告别寒冷的冬天。

20世纪之前，白宫是完全向公众开放的，这是第三任总统托马斯·杰斐逊民主思想的具体体现。当时，前来参观的人络绎不绝，杰斐逊本人也会在某一时刻走出办公室，与素不相识的客人握手，甚至与其共饮下午茶。

第四任总统詹姆斯·麦迪逊和夫人多莉沿用了杰斐逊的做法。入住白宫期间，他们每周都要为外交使团中的高级代表举办一次国宴，使白宫成为上流社会的娱乐场所。麦迪逊执政时期，英美两国爆发战争。1814年8月，总统夫妇在英军进入华盛顿的最后一刻才撤离。临走时，机智的多莉还不忘从墙上摘下了华盛顿的肖像，并带走了《独立宣言》的原件和一批历史档案。在发出最后通牒后，英军纵火焚烧了白宫。大火将官邸的墙壁熏得黝黑，只是由于暴雨突至，白宫才没有化为灰烬。

目睹一个又一个家庭搬进搬出，白宫

白宫现任主人奥巴马

使访客们一踏入便能亲身感受到不同主人的鲜明特色：律师出身的塔夫脱带来了大批法律书籍；矿山工程师出身的胡佛带来了他翻译的矿业著作；喜好音乐的杜鲁门带来了三架钢琴和女儿收藏的大量唱片；行伍出身的艾森豪威尔在书房里摆满了军功章……

1834年，泉水引入白宫，结束了白宫外出拉水的历史；1848年，煤油灯进入白宫；1877年海斯总统入住白宫后，建立了图书馆；1882年，第一架电梯在白宫内使用，不久，人们在白宫里架设了电线，白宫的夜晚从此灯火通明。

杰斐逊总统之后的一段时期，所有希望见总统的人，哪怕只想握一下总统的手，都可以大摇大摆地踱进白宫。据记载，林肯曾在一次晚会上与6000人握手。1901年9月，麦金利总统在纽约出席一个盛大的音乐会，在与客人握手时遇刺身亡。从此，白宫停止了总统与常人的见面。1902年，西奥多·罗斯福总统下令修建白宫西翼，将办公区与生活区分开。据说，胡佛夫妇曾在1923年大发怀旧情结，在新年第一天打开白宫大门，邀请所有愿意进入白宫的民众参加新年联欢会，但第二年他们再也不敢标新立异，双双躲到城外享清福去了。

伍德罗·威尔逊这位常人看来冷若冰霜的学者总统，为白宫留下了一段佳话。他在第一任妻子爱伦去世后，难以摆脱丧妻之痛，一度沉沦，终日待在白宫内深居简出。没想到，在电梯里，他结识了第二位妻子伊迪斯，二人随即陷入热恋中，并于1915年完婚。一战期间，威尔逊夫妇带头节衣缩食，用实际行动支持前线。威尔逊夫人在白宫内架起了缝纫机，为前线将士赶制救护用品；她还在白宫的草坪上养起了一群成天"咩咩"叫的小羊，这一来可以节省修剪草坪的开支，二来可以剪羊毛增加收入。羊群在白宫周围草坪上悠闲地走来走去，使白宫看上去更像一座乡间别墅。

第二次世界大战期间，为保护富兰克林·罗斯福总统的安全，白宫东翼修建了空袭庇护所。白宫在罗斯福执政时期添建的设施还有游泳池、健身房、地下车库、影剧院和专供第一家庭使用的南阳台。

1948年夏，杜鲁门的女儿玛格丽特发现钢琴下的地板开始下沉。于是，美国国会成立了修缮委员会。为便于施工，杜鲁门一家搬到了白宫对面的布莱尔大厦，其他机构也迁移至此。修缮工程前后共进行了两年多，直到1952年3月，杜鲁门一家才喜气洋洋地搬回到白宫。

白宫的主人们虽然彼此出身不同，有着各式各样的爱好，但他们也同普通家庭一样，在这座房子里体会着为人子女、爱人和父母的各种感受。唯一不同的是，由于一个偶然的机会，他们的名字与美利坚合众国的历史连到了一起，成为这个国家受人景仰的人物。

生活在这里的家庭，在享有极度荣耀的同时，也失去了一般家庭所拥有的轻松和自由，以至于被称作"白宫的囚徒"。尼克松因在女儿订婚当晚抽不出时间参加仪式，心中充满了愧疚之情。加菲尔德的儿子哈里回忆说：他17岁时爱上了一位姑娘，很想和父亲说说心里话，但父亲公务缠身，他足足等了一个月。富兰克林·罗斯福夫人在回忆录中写道：孩子们想见父亲竟然要预约。有一次，罗斯福正在埋头批阅一份文件，儿子进来向父亲诉说一件私事。说了许久，才发现父亲根本没有注意自己，转身悻悻地走了。这个渴望父爱的儿子不禁感叹道："我们亲密无间的家庭生活受到了多么大的影响！"

尽管如此，白宫的一些主人仍忙里偷闲，与家人分享天伦之乐。林肯入住白宫时带来了三个孩子。他在百忙之中经常同孩子们进行体育比赛，还鼓励他们饲养小动物。他经常疼爱有加地说："让孩子们快快乐乐地玩吧。"于是，孩子们经常在白宫无拘无束地奔跑。儿子塔德还拦住前来拜见总统的客人，要他们在自己的义卖摊上买零食，为战火中的慈善事业捐款。还有一次，内阁正在开会，塔德用玩具火炮轰开了会议室的大门，但总统对此一笑了之。

林登·约翰逊一家搬来后，第一夫人为自己划出了一块舒适的工作区。孩子们的小天地设在大厅的另一端，那里曾是肯尼迪家孩子们居住的地方。后来尼克松和卡特的孩子也住在这间屋子里。埃米是卡特最小的孩子，她在白宫南草坪那棵弯弯曲曲的老松树上搭起了鸟窝，还秉承了林肯家和老罗斯福家孩子的特点，在白宫养起了小动物。

1893 年，克利夫兰携妻带子，开始了他的白宫的第二个总统任期。出于对总统家 3 个学龄前小女儿的喜爱，人们从全国各地寄来许多礼物，还纷纷写信告诉总统夫妇如何教育孩子。有一次，两岁的露茜和保姆在院子里活动，被一群好奇者围住。一位妇女抱起露茜，在众人手中传来传去。每一个路人都赶过来拍拍她、抱抱她，亲亲这个"小公主"。这让克利夫兰夫人十分不安。从此以后，通向南草坪的大门就不再向公众开放了。

卡特总统酷爱跑步。如果天气不好，他就在白宫里上上下下地跑楼梯。每到这时，他都要求把白宫内所有的大门打开，以便可以从顶楼毫无障碍地跑到一楼，甚至直接跑入草坪和花园。

演员出身的里根总统看重情调和娱乐。在里根时代，人们经常可以在白宫舞会上见到他和南茜这对老夫老妻翩翩起舞的情景。里根夫人还经常举办社交宴会和其他社会活动，来推行自己的计划，如解决青少年吸毒问题。

一般说来，第一夫人的装扮也常常领导潮流。肯尼迪夫人为自己设计的裙装和发型成了全世界妇女争相效仿的对象；尼克松夫人喜好的长裙也风靡一时。富兰克林·罗斯福夫人埃丽诺就曾抱怨自己不是在穿衣服，"而是在装饰某件公共文物"。

200 多年来，白宫一直是美国最高行政长官的官邸，也是美国所有家庭和住宅的代表。正因为如此，入住白宫的男主人都充满了责任感和使命感。正如富兰克林·罗斯福在一次讲话中提到的："我从未忘记，我住在一幢属于全体美国人的房子里，我受到他们的信任。"

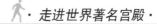 红　堡 (印度)

　　红堡坐落在印度德里旧城东北部、雅姆纳河西岸，据传是莫卧儿王朝第五代国王沙贾汉为纪念爱妻泰姬·马哈尔所建，于 1638 年动工，历时近 10 年建成，为印度最大王宫。

　　红堡是一座用赭红砂石建成的壮丽宫殿群，呈不规则八角形，南北长 915 米，东西宽 548 米，高 34 米。城堡上竖立着用白色大理石雕塑的小塔，镶嵌有黄金、钻石和宝石。建筑内原有一座世界闻名的"孔雀王座"，用 11 万克黄金制成，镶有钻石、翡翠等宝石，台阶以白银铸造。如今王座已不复存在，王座上方墙上留有当年沙贾汉国王下令雕刻的波斯文诗句："倘若人间有天堂，那就在这里。"

　　沙贾汉最宠爱的王妃、人称"宫廷之光"的泰姬·马哈尔死于 1631 年。为了纪念自己的妻子，沙贾汗雇用 2 万多名工人，在阿格拉修建了著名的泰姬陵，这座陵墓在 1983 年被列入联合国世界文化遗产名录。沙贾汗是一个伟大的国王，在他的统治下，巴布尔在 16 世纪开创的莫卧儿王朝进入了鼎盛时期。巴布尔被誉为"豹王"，是令人敬畏的军队统帅特梅兰的后裔。特梅兰为人类留下了建于 14 世纪的另一处世界遗产——撒马尔罕城。这座城市如今位于乌兹别克斯坦境内。

　　在今人看来，沙贾汉无疑是莫卧儿王朝最伟大的艺术爱好者和建造者。他在位时主持修建了红堡（又称卡拉姆布拉克阿城堡），并定都于此，以这座城堡作为皇家宫殿和执政之所。

红堡外景

　　1638 年，沙贾汉决定把首都从阿格拉迁到德里，并下令在雅姆纳河畔建造他的"人间天堂"，如同当时修建泰姬陵一样。这座城市以国王的名字命名，称为沙贾汉那巴德，如今，人们把这里称为旧德里。

　　修建红堡的工程从 1639 年开始，1648 年完工，这是第一座采用八边形建筑设计的莫卧儿王朝城堡，此后便成为莫卧儿王朝的典型建筑特征。城堡以砂岩砖石和红色大理石建成，融合了波斯、贴木儿王朝和印度建筑元素，同时又保持了伊斯兰传统特色。在这种独一无二的风格之外，建筑还体现出精巧复杂的对称结构，这种结构同样以国王的名字命名为：沙贾汉风格。

　　红堡北侧是伊斯兰教徒沙哈苏在 1546 年修建的萨林加尔古堡，外墙长 2 千米，从河岸一直延伸到城外，高度也从 16 米逐渐升高到 36

米。有两扇城门通往城堡——德里门和拉荷利门。前者供士兵和皇宫侍者使用。后者面向查塔·筹克大街（皇宫市场），供访客和国王使用。沿着市场是一条南北大道，道路以西是军营，以东是皇宫。

大权独揽的沙贾汉在专用的会客厅接见朝臣，会客厅的另一侧是鼓楼，是一座专供乐师使用的长方形三层建筑。在会客厅里，摆放着国王坐的镶嵌着珍贵宝石的御座。

私人会客厅里的御座更为奢华，国王在这里接见王公大臣。宝座后面的两只孔雀雕像上镶嵌有一百多颗红宝石和同等数量的绿宝石，钻石、蓝宝石和珍珠更是不计其数，光华夺目，熠熠生辉。就在红堡工程破土动工的100年后，"波斯的拿破仑"纳迪尔·沙带兵杀入德里，将这个著名的孔雀宝座作为战利品带回了伊朗。

红堡外景

沙贾汗在处理完朝政之后会回到他的私人宫殿哈斯玛哈勒休息，这座宫殿包括卧室、祈祷室和会见公众的塔楼。哈斯玛哈勒宫是皇家宫殿的一部分，用白色大理石修建，面向雅姆纳河，寝宫和河流之间有潺潺的运河连接，运河名为纳伊贝斯特——天堂之溪。

　　沙贾汉拥有多处浴室，用来放松身心。浴室里装有冷热水管，天花板上的花卉图案会让国王觉得仿佛置身花园。在走廊的最南端，就是天堂中的天堂——闺房，只有一层，通过运河与池塘相连。沙贾汗的妻妾们住在兰玛哈勒宫（多彩宫），宫殿的天花板上有以金银镶嵌的图案，池塘和莲花池映射出白色大理石宫殿的倒影，这也是莫卧儿王朝最喜爱的装饰图案。

　　沙贾汉在这座人间天堂里生活了不到 20 年，在随后的 10 年里，这

红堡觐见宫

座天堂成为他的地狱——1657年，病中的沙贾汉被他的儿子奥朗则布废黜，一直被囚禁在城堡内，直到1666年去世。

1659年，奥朗则布在他父亲浴室的西边修建了私人清真寺——莫迪清真寺（珍珠清真寺）。整个清真寺使用白色大理石为外墙原料，祷告室的地面以黑色长方形大理石铺设，作为地毯和祈祷处。清真寺的北面是豪华的哈亚特花园（给生园），花圃之间以运河连接。

但这些天堂般的花园只有很少一部分保留了下来。从修建伊始，城堡历经多次改造，特别是英国人大刀阔斧地改变了整个城堡的结构。1857年，英国女王宣布统治印度，把这里变成了英属印度陆军司令部。于是，这里的大量建筑遭到破坏，被改造成殖民风格的军事建筑，还有很大一部分莫卧儿王朝花园被改造成英式花园。

1947年印度独立后，印度军队重新接管了红堡，这里又成为英国在印度的殖民政权垮台的象征。1947年8月15日在红堡举行了第一次独立庆典。此后，印度总理每年都会在独立日当天在这处历史古迹发表演说。

京都御所（日本）

　　京都御所是日本的旧皇宫，又称故宫。从781年奈良迁都到明治维新的1074年中，它一直是历代日本天皇的住所。

　　京都皇宫位于京都市上京区。日本国都从奈良迁至京都，当时皇宫距离现在的皇宫仅2千米，大约600年前才迁到现址。第二次世界大战

京都御所外景

期间，为了减少被火烧毁的危险，皇宫拆掉了整个长廊，但其他部分依旧保存完好。

京都御所占地总面积91.2万平方米，外围石垣，内铺白沙。京都御所花园在内里，内里是天皇及家人居住和办公的地方，位于整个地块的中心偏北，以土木墙围合，东有建春门，南有建礼门，北有朔平门，西有皇后门、清所门、宜秋门。内里以建筑为主，最重要的紫宸殿区，是天皇即位、接受朝贺的地方。皇后居住办公的地方，被称为皇后御常御殿区。另外，还有两个天皇日常办公的地方及册立太子举行仪式的地方。京都御所的园林有多处，即：御池庭、御内庭、紫宸殿南庭、清凉殿东庭等，其中御池庭面积最大，御内庭其次。狭义地说，京都御所即指这两个庭园，前者有阳刚之气，后者有阴柔之美；前者以大池巨石为主，后者以曲水小桥为主。

建礼门是天皇圣驾通过的门，在皇宫紫宸殿的正南面，后来此门除天皇的圣驾通过外，一些来访的外国国王、总统等国宾到此才把门打开，由此通过。邓小平访日时，建礼门就打开了。此外，天皇即位式、受冠礼、立皇后、立太子、节会等一类重大仪式时也会开此门。宜秋门也叫"唐门""公卿门"。过去，它是亲王、公卿或被许可上殿的将军及诸侯进宫的第一道大门。

平唐门是诸大夫房屋里正式公务的人脱鞋后上下殿所通过的门，它东面的一间房子为虎间，又称"公卿间"，是参加仪式的公卿休息用的。下面的房子叫"鹤间"，又称"殿上间"，是诸侯、僧侣们的休息间。皇宫内的主建筑群是承明门、日华门、月华门、紫宸殿等建筑，四周另用墙围起来。

承明门是一座中国式建筑，有5间、3门、12柱。是天皇行幸和上皇让位以及天皇即位、元服、立后、立太子等严肃礼仪时走的门。进了承明门，右侧有日华门，左侧有月华门，都是按中国风格建筑的门，结构与承明门相同，但比承明门少4根角柱。

在日华门的东北角是春兴殿，这是一个全木质结构、铜瓦铺顶的侧殿，古代是天皇继位时放置神器和御镜的地方。现在的建筑，是大正天皇（1912～1925 年在位）即位时建造的。

紫宸殿是皇宫主建筑群中的主要建筑。它宽大雄伟，肃穆端庄。殿前是宽广的庭院，被称为"南庭"。殿前右边有樱树，开粉红之花；左有橘树数棵，结橙黄之果。大殿当中墨笔竖书"紫宸殿"三字，是日本书法名家冈本保孝之笔。大殿中间是 18 层木台阶，殿内东西共有 9 间房屋，长约 33 米，南北共 4 间房屋，长约 23 米。大殿全部用刺柏为建筑材料，屋顶以刺柏皮压顶。中间房屋为主屋，四周房间为厢房。紫宸殿也称"南殿"或"前殿"，是天皇即位、元旦节会、白马节会、立太子、元服、让位、修法等举行最庄严仪式的地方。紫宸殿主屋的中央设"高御座"，右后设皇后用"御帐台"，是即位时天皇和皇后坐的地方。紧挨紫宸殿的是清凉殿，也叫中殿，它也是全部刺柏木结构的建筑。清凉殿东正面的中庭称"东庭"。清凉殿在平安朝时期，是天皇日常起居处。在紫宸殿的东北方向，还有一座木结构、刺柏皮盖顶的建筑，称为"小御所"。小御所在镰仓幕府时代是将军的

京都御所一隅

世子居住的地方，因而称为"小御所"。建长年间，小御所是被用来举行东宫御元服、读书、立太子等仪式的地方，所以也称为"御元服御殿"。另外，将军、幕府的使者、诸大名在被引见时，小御所也曾被使用过。

在京都皇宫内，还有莲池，碧波荡漾；秀丽的榉桥，如新月当空；轩廊阵座，古色古香；迎春处可以赏春，御凉所可以避暑，听雪处可行茶道。

另外，皇宫内还有一座面积约 8000 平方米的御池庭，其以大水池为中心，池中布置有 3 个小岛，为一池三山格局，中岛名"蓬莱岛"，做成龟岛样式，有龟头石、龟尾石、龟足石，背上植松树以喻松龟祝寿，并置石灯笼。南北两个岛比中岛大，南岛以榉桥和小桥板连接大陆，北岛以两座石桥与陆地相连。水池东面和北面各有一个瀑布，其中

京都御所御池厅

北瀑布之水与御池庭的水系相接。水池西面还有用卵石铺成的洲浜，最有意思的是，洲浜之上有用花岗岩条石做成的飞石伸向水中，横铺成码头。可见，这个内庭主要还是舟游式庭园。

御池庭的西面为小御所和御学问所。御学问所是天皇读书之处，并在此举行茶会、歌会、书会及亲王的谒见仪式，室内墙壁上有中国洞庭湖和岳阳楼的大型壁画。由此可见，这个园林还具有书院庭园的特征。小御所和御学问所一南一北并列而置，坐西朝东，面向水池，水池的前面铺以白沙，在此可以开展蹴鞠活动，故又名"白沙蹴鞠庭"。

御内庭在御池庭之北，全园面积6900平方米，曲水南北向贯穿全园。其中北部称为"蜗牛庭"，中北部称为"龙泉庭"。龙泉庭最妙，水面有收有放，水池分为两条，合而又分，分而又合，清凉所、渡廊、迎春殿、听雪殿进退有致地座落于园林之中，其中迎春殿是孝明天皇读书的地方。

时光荏苒，京都御所内已不见当年的繁华荣耀，但它的雍容气度与幽静淡雅却从容经历了岁月的洗礼，让所有看到它的人都怀有由衷的敬意。

日本东京皇宫（日本）

日本的皇宫是世界上保留至今最古老的皇家宫殿，来自全国各地的日本人和世界各地的无数游客都来参观它。每一个外国人都想在入口处站上哪怕是一小会儿——因为警察不让入内。

位于东京城中心的皇宫被带有高耸的防御城墙的公园所环绕，使其免受大都市的喧吵。平常人一年只允许入内两次：一次是1月2日，为

东京皇宫一隅

了庆祝新年；另一次是 12 月 23 日，为了庆祝天皇的生日（天长节）。其他时间里则鲜有参观者造访，无人的公园中唯有一片静穆。

16 世纪中期的东京（当时称为江户）只有蛮荒沼泽地上的一片茅草屋，海风从四面八方吹来。但无论是从战略意义来看，还是从贸易通道的角度来看，这座城市的位置都极为有利，因此，根据当时的将军德川家康的命令，在现在皇宫的地点上开始建立起城堡。当时的工程极为浩大：他们排干了沼泽，开挖了沟渠，还修建了街道、桥梁和港口。

德川家康于 1603 年成为幕府将军，在他宏大的城堡中驻扎着他雇佣来的近卫军——约 8 万名武士。这也部分说明了城堡为什么会这么巨大。城堡被不高却很宽大的花岗岩城墙及注满水的护城河包围着。在城堡主要的大门前面还有军事长官们的住所。

城堡中的所有建筑如同江户城中的其他建筑一样都是木结构的，而且，除了瞭望塔以外，也都不高。江户在幕府时期仅是个行政中心，明治天皇时它才成为首都。天皇在城堡中住了下来，并将其作为皇宫。这是 1868 年的事，当时幕府统治被推翻，中央权力归还明治天皇。

幕府将军的木结构城堡早在明治时期（明治天皇睦仁统治时期）就被付之一炬，然后在原地又矗立起新的建筑。这些建筑将日本建筑的传统特征和欧洲仿后古典主义风格的华丽结合在一起，有时甚至到了很有趣的地步。

然而在二战期间，由于 1945 年的空袭，皇宫同样被焚毁。后来，在有一片片古树林的皇家园林中又建起了新的一层皇宫，其外表同东京郊区的许多资产阶级人家住的房子非常相像。

在皇家园林的东部，紧靠着作为皇宫主要入口的双层桥的旁边，1964～1968 年间，按照建筑师吉村顺三的设计建起了一幢用于举行正式庆典和接见的建筑。它是依照日本的传统风格修建的：围着宽敞气派的院子平铺而建仅有一层的房子。吉村顺三并没有模仿原来的建筑形式，而在空间设计上采用了京都旧宫殿的建筑方法。这里各幢建筑被划分成几个区域，其内部装饰也同包围它们的花园紧密地联系在一起。

　　宫殿的混凝土框架都包了青铜，同时用带人造铜锈的铜做屋顶——设计者以此来表现岁月的痕迹，他说："当神圣的材料不能说明建筑古老时，则至少要说明建筑的不朽。"离官方接见楼不远的地方有一幢由62个房间组成的现代建筑，现在里面住着天皇、皇后和他们的女儿。

　　皇宫前面从东边开始坐落着对公众开放的、有水沟环绕的皇宫外花园以及日比谷公园——日本第一座在平整的地面上建起的公园。在占地面积总共为16万平方米的这些花园里融汇了欧洲和日本艺术安排景致的传统方法。

　　日本公园最大的特点就是有着各种各样的树，这里汇聚了低矮的、枝丫弯曲的针叶松、棕榈树，数目众多的各式李树和樱花树、柏树、竹子、仙人掌以及长得像锥头杨树的柳杉。

　　在宽阔的公园里还有一些建筑，如庙宇、天皇的办公室、医院、各

东京皇宫的樱花树

种作坊和养殖场。皇后有时会以烹饪为消遣，所以皇宫内还设有一个专门的厨房。每年春天天皇都要亲手插秧，皇后则在养蚕场劳动。尽管这个传统或许已显陈旧，但目前谁也没想去废除它。

天皇是日本"国家的象征"，现在他是传统正派的日本人的典范——诚实、勤奋、恪尽家庭成员的义务、关心周围的人，而且生活非常朴素。近年来，很多皇室都受到了很多丑闻的玷污，与此相反的是，日本皇室却严格地维护着自己的尊严，并最大限度地接近了人们理想中的皇室行为的标准。

长乐宫（中国）

　　长乐宫是西汉皇家宫殿群，与未央宫、建章宫同为汉代三大宫殿。汉高祖之后为太后居所。因其位于未央宫东面，又称东宫。

　　长乐宫是在秦离宫兴乐宫基础上改建而成的西汉第一座正规宫殿，位于西汉长安城内东南隅，始建于高祖五年（前202年），2年后竣工。

长乐宫遗址

但在千年流转的历史长河中，长乐宫早已不复存在，我们现在只能看到它经考古发掘出的遗址。其遗址平面呈矩形，东西宽 2900 米，南北长 2400 米，约占长安总面积的六分之一。据记载，长乐宫"周回二十里"，宫城四面各辟一门，东、西两门外筑有阙楼，称东阙、西阙。其建筑包括长乐前殿、长信宫（即长信殿）、长定殿、长秋殿、永寿殿（即长寿殿）、永宁殿、临华殿、神仙殿、温室殿、椒房殿、建始殿、广阳殿、中室殿、月室殿、大夏殿、长亭殿、金华殿、承明殿。其中前殿为朝廷所在，西面为后宫。高祖九年（前 198 年），朝廷迁往未央宫，长乐宫改为太后住所。太后的寝宫为长信宫。

时至今日，长乐宫的宫墙四门遗迹尚能辨认，宫内建筑已完全湮灭，只有长信宫、长秋宫等少数宫室，可据出土物印证。而通过考古挖掘表明，长乐宫在东汉时期还保存完好，五胡十六国以后便废弃了。

未央宫（中国）

　　未央宫是中国西汉皇家宫殿之一，位于今陕西西安西北约3千米处。因其在长乐宫之西，汉时称西宫，为汉高祖七年（公元前200年）在秦章台基础上修建。惠帝元年至五年（前194～前190年）修筑城墙。汉惠帝即位后，开始成为主要宫殿。

　　长安是中国汉朝的都城，它是在秦朝兴乐宫的基础上增扩而成。北墙依渭水而建，南墙也依宫墙变化。城内的主要建筑是宫殿，其中以长乐宫和未央宫最为著名。

　　汉未央宫是汉朝君臣朝会的地方。总体的布局呈长方形，

未央宫外景

四面筑有围墙。东西两墙各长2150米，南北两墙各长2250米，全宫面积约5平方千米，约占全城总面积的1/7，较长乐宫稍小，但建筑本身的壮丽宏伟则有过之。

　　据记载，未央宫四面建宫门各一，唯东门和北门有阙。宫内有殿堂

40 余屋，还有 6 座小山和多处水池，大小门户近百，与长乐宫之间又建有阁道相通。今日发现的建筑遗迹，有位于中央的前殿，前殿基坛东西宽约 200 米，南北长约 350 米，最高处 15 米。据勘测，前殿居全宫的正中，其基坛是利用龙首山的丘陵造成的。第二号宫殿遗址在前殿之北，第三号宫殿遗址在前殿之西北，均为建于夯土台上的组群建筑，各有门殿多重。据出土遗物推断，前者为后妃居住的后宫，后者属宫廷的官署。较为特殊的是，二号宫殿的夯土基下掘有地道多条，其墙立壁柱，墙面则涂草泥抹白灰，地面铺以条砖。

据史料记载，未央宫建于长乐宫修复后不久，是汉高祖称帝后兴建，由刘邦的重臣萧何监造。自未央宫建成之后，汉代皇帝都居住在这里，所以它的名气之大远远超过了其他宫殿。在后世人的诗词中未央宫已经成为汉宫的代名词。整个宫殿由承明、清凉、金华等 40 多个宫殿组成。南部正门以北偏西建未央宫前殿，现在汉未央宫的遗址仍存有当时高大的夯土台基。

未央宫宫内的主要建筑物有前殿、宣室殿、温室殿、清凉殿、麒麟殿、金华殿、承明殿、高门殿、白虎殿、玉堂殿、宣德殿、椒房殿、昭阳殿、柏梁台、天禄阁、石渠阁等。其中前殿居全宫的正中，基坛南北长约 350 米，东西宽约 200 米，北端最高处约 15 米，据说是利用龙首山的丘陵造成的。据历史书籍的记载，未央宫的四面各有一个司马门，东面和北面门外有阙，称东阙和北阙。当时的诸侯来朝入东阙，士民上书则入北阙。

汉长安宫殿是我国历史上存在时间最长的宫殿：在汉高祖刘邦之后，王莽政权、西晋、前赵、前秦、后秦、西魏、北周都以此作为中央政府的行政枢纽，直至隋末被毁。而西汉的许多重大历史事件曾经发生在这里：张骞从这里出发开辟丝绸之路；美女王昭君在这里自愿出塞，和亲匈奴；赵飞燕曾居住于此……当然，许多宫中帏斗、权力更迭之事也在此一幕幕上演。

建章宫（中国）

　　建章宫是汉武帝刘彻于太初元年（前104年）建造的宫苑，它与未央宫、长乐宫同为汉代三大宫殿建筑。《三辅黄图》中记载："（其）周二十余里，千门万户，在未央宫西、长安城外。"武帝为了往来方便，跨城筑有飞阁辇道，可从未央宫直至建章宫。建章宫建筑组群的外围筑

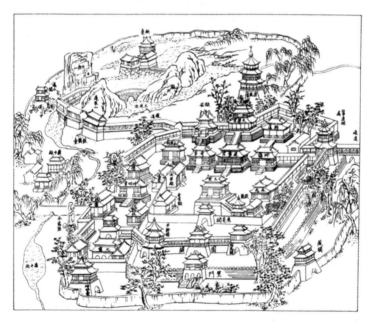

建章宫草图

有城垣。

就建章宫的布局来看，从正门圆阙、玉堂、建章前殿和天梁宫形成一条中轴线，其他宫室分布在左右，全部围以阁道。宫城内北部为太液池，筑有三神山，宫城西面为唐中庭、唐中池。中轴线上有多重门、阙，正门曰阊阖，也叫璧门，高二十五丈（据史料记载），是城关式建筑。后为玉堂，建于台上。屋顶上有铜凤，高五尺（据史料记载），饰黄金，下有转枢，可随风转动。在璧门北，起圆阙，高二十五丈（据史料记载）。进圆阙门内二百步，最后到达建在高台上的建章前殿，气魄十分雄伟。除此以外，宫城中还分布着众多不同组合的殿堂建筑。如璧门之西的神明台，高五十丈（据史料记载），为祭先人处，塑有铜仙人舒掌捧铜盘玉杯，承接雨露。

另外值得一提的建筑是建章宫北面的太液池。据《史记·孝武本纪》记载："其北治大池，渐台高二十余丈，名曰太液池，中有蓬莱、方丈、瀛洲、壶梁像海中神山，龟鱼之属。"太液池是一个相当宽广的人工湖，因池中筑有三神山而著称。这种"一池三山"的布局对后世园林有深远影响，并成为创作池山的一种模式。

大明宫（中国）

　　大明宫初建于唐太宗贞观八年（634 年），原名永安宫，是李世民为太上皇李渊而修建的夏宫。而宫殿还未建成，太上皇李渊就在第二年的五月病死于大安宫，夏宫的营建工程也就此停工，并于贞观九年（635 年）正月改名为大明宫。大明宫再次大规模营建是在高宗龙朔（661～664 年）时期，经过这次大规模营建，大明宫才算基本建成。当然，此后大明宫尚有多次营建和修葺。

　　唐大明宫是长安城三大宫殿群中规模最大且十分豪华壮丽的宫殿群。它选址在唐长安城宫城东北侧的龙首原上，利用天然地势修筑而

复原大明宫外景

成。宫城的南部呈长方形，北部呈南宽北窄的梯形。城墙东西宽 1.5 千米，南北长 2.5 千米，周长 7.6 千米，面积约 3.2 平方千米。城墙南段与长安城的北墙东段相重合，其北另有三道平行的东西向宫墙，把宫殿分为三个区域。其所有墙体均以夯土板筑，底宽 10.5 米左右，城角、城门处包砖并向外加宽，上筑城楼、角楼等。

大明宫城共有 9 座城门，南面正中为丹凤门，东西分别为望仙门和建福门；北面正中为玄武门，东西分别为银汉门和青霄门；东面为左银台门；西面南北分别为右银台门和九仙门。除正门丹凤门有 3 个门道外，其余各门均为一个门道。在宫城的东西北三面筑有与城墙平行的夹城，在北面正中设重玄门，正对着玄武门。宫城外的东西两侧分别驻有禁军，北门夹城内设立了禁军的指挥机关——"北衙"。

整个宫域可分为前朝和内庭两部分，前朝以朝会为主，内庭以居住和宴游为主。大明宫的正门丹凤门以南，有宽 176 米的丹凤门大街，以北是含元殿、宣政殿、紫宸殿、蓬莱殿、含凉殿、玄武殿等组成的南北中轴线，宫内的其他建筑，也大都沿着这条轴线分布。在轴线的东西两侧，还各有一条纵街，是在三道横向宫墙上开边门贯通形成的。

含元殿是大明宫的正殿，位于丹凤门以北约 600 米处、龙首原的南沿，是举行重大庆典和朝会之所，俗称"外朝"。主殿面阔八间，进深四间，每间宽 5.3 米。据遗址实测其殿基高于平地 15.6 米，东西长 75.9 米，南北长 41.3 米，四周有宽 5 米的副阶。在主殿的东南和西南方向分别有翔鸾阁和栖凤阁，各以曲尺形廊庑与主殿相连，整组建筑呈"凹"字形。主殿前是一条长 78 米、以阶梯和斜坡相间的龙尾道，分为中间的御道和两侧的边道，表面铺设有花砖。在龙尾道的前方还有一座宫门，可能是牌坊式建筑，其左右各有横贯东西的隔墙。含元殿建造时充分利用了龙首原的高阔地势，其威严壮观，视野开阔，可俯瞰整座长安城，诗句"千官望长安，万国拜含元"就形容了它当时的巍峨气势。

含元殿正北约 300 米处是宣政殿，为皇帝临朝听政之所，称为"中

朝"。殿基东西长 70 米，南北宽 40 多米。殿前左右分别有中书省、门
下省和弘文馆、史馆、御史台馆等官署。在殿前 130 米处，有三门并列
的宣政门，左右是横贯式的宫墙，墙、殿之间形成较大的院庭。紫宸殿
位于宣政殿以北 95 米处，称为"内朝"，群臣在这里朝见皇帝，称为
"入阁"。含元、宣政、紫宸组成的外朝、中朝、内朝格局多为后世的宫
殿所效仿，北京紫禁城的太和、中和、保和三殿便是这种格局的体现。

大明宫的北部为园林区，其建筑布局疏朗，形式多样。紫宸殿以北
约 200 米处即为龙首原的北沿，其下有太液池，又名蓬莱池，面积约
16000 平方米。水池的形状接近椭圆形，在池内偏东处有一土丘，高 5
米多，称作蓬莱山。池的沿岸建有回廊，附近还有多座亭台楼阁和殿宇
厅堂。

大明宫遗址一隅

麟德殿位于大明宫的西北部，是宫内规模最大的别殿，建于高宗麟德年间，是皇帝举行宴会、观看乐舞和接见外国使节的场所。殿基用夯土砌筑，四壁铺砖，据遗址实测其南北长 130 米，东西宽 80 余米。高台上原有前中后毗连的三座大殿，分上下两层。东西侧分别有对称的郁仪楼和结邻楼以飞廊与主殿上层连通，楼前有亭，全都建在夯土高台上。整个麟德殿的总建筑面积达 12300 平方米，周围有回廊环绕，目前已在遗址的基础上复原了其平面布局。

　　唐朝的统治者崇尚道教，认老子为祖先，因此在大明宫内也有三清殿、大角观、玄元皇帝庙等道教建筑。三清殿位于宫城的东北隅，殿基面积达 4000 平方米，台上是楼阁式建筑。此外，清思殿、大福殿等遗址也是重要的考古发掘对象。

　　经考古发掘在大明宫内的含元殿遗址、麟德殿遗址、三清殿遗址等大型遗址主要有下列成就和特点：

　　1. 规模宏大，规划严整。大明宫的规模很大，宫城平面呈不规则长方形。全宫分为宫、省两部分，省（衙署）基本在宣政门一线之南，共北属于"禁中"，为帝王生活区域，其布局以太液池为中心而环列，依地形而灵活自由。宫城之北，为禁苑区。如不计太液池以北的内苑地带，遗址范围即相当于明清故宫紫禁城总面积的 3 倍多。大明宫中的麟德殿面积约故宫太和殿的 3 倍。

　　2. 建筑群处理愈趋成熟。大明宫的建筑加强了突出主体建筑的空间组合，强调了纵轴方向的陪衬手法。全宫自南端丹凤门起，北达宫内太液池蓬莱山，为长达约 1600 余米的中轴线，轴线上排列全宫的主要建筑：含元殿、宣政殿、紫宸殿，轴线两侧采取大体对称的布局。如不计入内苑部分，从丹凤门到紫宸殿长约 1200 米，这个长度略大于从北京故宫天安门到保和殿的距离。含元殿利用突起的高地（龙首原）作为殿基，加上两侧双阁的陪衬和轴线上空间的变化，营造出朝廷所需的威严气氛。

3. 木建筑解决了宫殿建筑大面积、大体量的技术问题，并已定型化。如麟德殿，由前、中、后三座殿组成，面积约 5000 平方米，约为太和殿的 3 倍，采用了面阔 11 间，进深 17 间的柱网布置。殿东西两侧又有亭台楼阁衬托，造型相当丰富多样。主殿含元殿则用减去中间一列柱子的办法，加大空间，使跨度达到 10 米，其可证明唐初宫殿中木架结构已具有与故宫太和殿约略相同的梁架跨度。

4. 门窗朴实无华，给人以庄重、大方的印象。

5. 建筑艺术加工的真实和成熟。唐代建筑风格的特点是气魄宏伟，严整而又开朗。现存的木建筑遗物反映了唐代建筑艺术加工和结构的统一，在建筑物上没有纯粹为了装饰而加上去的构件，也没有歪曲建筑材料性能使之屈从于装饰要求的现象。这些做法固然是我国古典建筑的传统特点，但在唐代建筑上表现得更为彻底。含元殿踞龙首原高处，高出平地十余米，前有长达 75 米的龙尾道，其殿阶局部用永定柱平坐，而这种比较古老的方法，在唐以后逐渐被淘汰了。该组建筑气魄雄伟，足可代表当时高度发展的文化及技术。含元殿和麟德殿的开间尺寸，不过 5 米稍多，最大梁袱跨距，不过四椽，尺度不及后世，用料也相对较小。而用较小的料而构成宏伟的宫殿，应该说是建筑技艺已相当纯熟的表现。

现在，为了有效保护大明宫遗址，西安市人民政府设立了大明宫遗址保管所，负责大明宫遗址保护和管理的日常事务以及开展社会教育和文物宣传活动、参加田野考古发掘和随工清理、收藏出土的文物标本、组织实施文物保护维修工程、开展学术交流活动。大明宫含元殿遗址、麟德殿遗址已向公众开放参观，欢迎大家前去观赏唐代文物、遗址，领略唐文化之精华。

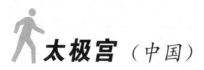

太极宫（中国）

太极宫建于隋初。隋称大兴宫，唐睿宗景云元年（710 年），改称为太极宫。因其为唐朝京城的正宫，故又称京大内。唐太极宫实际上是太极宫、东宫、掖庭宫的总称，位于唐长安城中央的最北部。据考古实测并参考文献记载可知，太极宫城东西宽约 2830 米，南北长约 1492 米。其中掖庭宫宽约 702 米，太极宫宽约 1285 米，东宫宽约 832 米，是一东西长、南北短的长方形建筑。其宫城的北墙即是外郭北墙的一部分，西墙则与今西安城的西城墙在同一直线上，其南段为西安城西墙的北部所压；南墙则在今西安城内西五路以南 80 米处。宫城南面隔横街与皇城相望，北面为西内苑，东墙外为兴安门街，西墙外为芳林门街。

太极宫城墙为夯土板筑，墙壁高三丈五尺（合 10.3 米），墙基宽一

太极宫复原图鸟瞰

般在 18 米左右，只有东城墙部分的宽度是 14 米多。

太极宫东、西、南、北四面共开有 10 个城门。其中南面开有 3 个城门，中为承天门，左为永安门，右为长乐门；西面和北面各开有 2 个城门，西为嘉猷门、通明门，也是掖庭宫的东门；北为玄武门、安礼门；东面通向东宫只开有 1 个城门，名通训门，也就是东宫的西门。东宫南北尚开有 4 个城门，南面 3 门，为广运门、重明门、永春门；北面 1 门名玄德门。掖庭宫因为宫女所居，故只开东西门，不开南北门，西面门只称西门，而无他名。

在所有的这些城门当中，最重要的莫过于承天门了。承天门位于太极宫南墙的正中，门址在今西安城内莲湖公园南侧。据考古探测其东西残存部分尚长 41.7 米，已发现 3 门道，中间门道宽 8.5 米，西侧门道宽 6.4 米，东侧门道宽 6.4 米，门道的进深为 19 米。门址底下皆铺有石条和石板，建筑极其坚固。门上有高大的楼观，门外左右有东西朝堂，门前宫廷广场，南面直对朱雀门、明德门和宽约 150～155 米的南北直线大街，位置十分重要。承天门为太极宫的正门，是唐代皇帝举行"外朝"大典之处。如元旦、冬至，设宴陈乐都在此处进行。朝廷遇有赦宥，或除旧布新，或接待万国朝贡使者、四夷宾客，皇帝也要御承天门听政。像唐太宗册李治为皇太子、睿宗即皇帝位、玄宗受吐蕃宰相尚钦藏献盟书等，都在此举行大朝会。另外，承天门楼还是皇帝欢宴群臣之处。

太极宫的北门玄武门，亦以其重要的政治、军事地位称雄当时。唐武德九年（626 年）六月四日，秦王李世民诛杀太子李建成、齐王李元吉的"玄武门之变"就发生在这里。贞观十二年（638 年），太宗李世民又下令，于玄武门置左右屯营，其兵名之飞骑，后经不断扩充，从百骑、千骑到万骑，武则天垂拱元年改为左右羽林军，因此，这里成了中央禁军的屯防重地，也就成了历次宫廷政变的策源地。当然，在平静之时这里仍然是皇帝举行盛宴、歌舞升平的重要场所。

玄武门复原图

　　太极宫宫内布局也非常讲究，严格按照古代宫室建筑原则执行。宫内主体建筑采用"前朝后寝"的原则，以朱明门、肃章门、虔化门等宫院墙门为界，把宫内划分为"前朝"和"内廷"前后两个部分。朱明门、虔化门以外属于"前朝"部分，以内则为"内廷"部分。"前朝"部分又按照《周礼》"三朝制度"进行布局。以宫门承天门及东西两殿为外朝，是"举大典，询众庶之处"；以太极殿为中朝，是皇帝主要听政视朝之处，每逢朔（初一）、望（十五）之日，皇帝均临此殿会见群臣，视朝听政。另外，皇帝登基，册封皇后、太子、诸王、公主大典及宴请朝贡使节等也多在此殿举行。高宗以后，皇帝多移居大明宫和兴庆宫，但每遇登基或殡葬告祭等大礼，则仍移于此殿进行，它在长安三内诸殿中地位最尊。为行事方便，在太极殿的东侧设有门下内省、宏文馆、史馆，西侧设有中书内省、舍人院，为宰相和皇帝近臣办公的处所，以备皇帝随时顾问和根据皇帝旨意撰写文书诏令。最后，以内廷地区的两仪殿为内朝，是帝王与宗人集议及退接大夫之处。二仪殿因在禁内，只有少数大臣可以入内和皇帝商谈国事，故举止较为随便，这里也经常是太宗欢宴大臣与贡使之处，他多次在此殿宴请五品以上官员，它

是太极宫内第二大殿。"内廷"部分也就是"后寝",在唐代即所谓"北人虔化门,则宫内也"。其中两仪殿、甘露殿等殿院及山水池、四海池,为唐代皇帝进行日常统治活动及后妃居住的生活区。除此以外,太极宫内还有许多著名的建筑,如承庆殿、武德殿、甘露殿、凌烟阁等。其中,甘露殿是皇帝在宫内的读书之处,凌烟阁则是为大唐帝国的功臣们画像和歌功颂德的地方。

太极宫的东西两侧分别为东宫与掖庭宫。该两宫面积均小于太极宫,为长方形结构,建于隋初。

掖庭宫是宫女居住和犯罪官僚家属妇女劳动之处,大致分三个区域,中部为宫女居住区,其中也包括犯罪官僚家属妇女劳动之处。掖庭宫的北部为太仓,西南部为内侍省所在地。内侍省是宦官机构,所谓"内侍奉,宣制令",掌管宫中的一切大事小情。1978年5月,曾在西安城内西五台以西,距今西安西城墙240米处发现了唐"光化二年(899年)岁次己未六月癸亥朔二十七日己丑建"的《大唐重修内侍省之碑》,位置恰在原掖庭宫的西南,从而证明这里确曾是内侍省无疑。

东宫为太子居住之处,亦称春宫、储宫。从隋太子杨勇、杨广到唐高祖时原太子李建成、后太子李世民及太宗时太子李治等都居住在这里。

东宫中的最主要宫殿为明德殿。隋时称嘉德殿,唐初更名为显德殿,后因中宗李显为太子住东宫,为避其名讳,而改称明德殿。它为东宫第一正殿,是皇太子接见群臣和举行重大政治活动的地方。武德九年(626年)八月九日,太子李世民在高祖李渊逊位后在此殿举行登基仪式。另外,东宫中的崇文馆也是一处非常重要的建筑。它建于太宗贞观十三年(639年),本为皇太子读书之处。唐代在此设"崇贤馆学士",以侍讲宫中。崇文馆也是唐代的贵族学校。唐制规定:"崇文馆生二十人,以皇族中缌麻以上亲,皇太后、皇后大功以上亲,宰相及散官一品功臣,身食实封者,京官职事从三品中书黄门侍郎之子为之"。另外，崇文馆也是宫内秘籍图书校理之处，是一个大型的皇家图书馆。

太极宫是初唐政事活动的中心，高祖、太宗在这里君临天下，成就了一代圣制，"贞观之治"政令皆由此地发出，贞观君臣论政的许多著名故事也都发生在这里。高宗龙朔（661～664年）以后，政事活动中心东移大明宫，然中宗、睿宗、玄宗、僖宗与昭宗仍有部分时间在此听政，这里仍保留着唐代重要的政治中心地位。唐末，太极宫毁于战火，至今遗址犹存。

布达拉宫（中国）

布达拉宫坐落在中国西藏自治区拉萨市中心的红山上，占地面积13万多平方米，高110余米，东西长360多米，山下海拔3650米。整个建筑依山修建，规模宏大，巍峨壮观，被誉为世界屋脊的明珠，是西藏著名的城堡式宫殿建筑群、藏族建筑艺术的杰出代表，也是中国最著名的古代建筑之一。

布达拉宫始建于公元7世纪，是藏王松赞干布为远嫁西藏的唐朝文成公主而建。在拉萨海拔3700多米的红山上建造了999间房屋的宫宇——布达拉宫。宫堡依山而建，现占地41万平方米，建筑面积13万平方米，宫体主楼有13层，高115米，全部为石木结构，5座宫顶覆盖镏金铜瓦，金光灿烂，气势雄伟，是藏族古建筑艺术的精华，被誉为高原圣殿。

布达拉宫是历代达赖喇嘛的冬宫，也是过去西藏地方统治者政教合一的统治中心，从五世达赖喇嘛起，重大的宗教、政治仪式均在此举行。同时，它也是供奉历代达赖喇嘛灵塔的地方。

布达拉宫宫殿的设计和建造根据高原地区阳光照射的规律，墙基宽而坚固，墙基下面有四通八达的地道和通风口。屋内由柱、斗拱、雀替、梁、椽木等组成撑架。铺地和盖屋顶用的是叫"阿尔嘎"的硬土，各大厅和寝室的顶部都有天窗，便于采光和调节空气。宫内的柱梁上有各种雕刻，墙壁上的彩色壁画面积有2500多平方米。

布达拉宫远景

　　该宫内收藏了大量文物珍宝，有各式唐卡（佛教卷轴画）近万幅，金质、银质、玉石、木雕、泥塑的各类佛像数以万计。此外还有历代达赖喇嘛的灵塔，明清皇帝的赦书、印玺，各界赠送的印鉴、礼品、匾额和经卷以及宫中自用的典籍、法器和供器等。其中如金汁书写的《甘珠尔》《丹珠尔》（两者都是藏文的《大藏经》）、贝叶经《时轮注疏》、释迦牟尼指骨舍利、清朝皇帝御赐的金册金印等都堪称稀世珍宝，价值连城。

　　在其丰富的藏品中，最重要的是安放历代达赖喇嘛遗体的灵塔。从五世到十三世，除了被革除教职的六世外，其余8位达赖喇嘛都建造了奢华的灵塔。这些灵塔大小有别，但形式相同，均由塔顶、塔瓶和塔座组成。塔顶一般13阶，顶端镶以日月和火焰轮。塔瓶存放遗体，分成

布达拉宫外景

内外两间。外间设佛龛，供千手千眼观音像，内间有一床一桌，床上安放达赖尸棺，书桌上放置达赖生前用过的一套法器和文房用品。所有灵塔都以金皮包裹、宝玉镶嵌，显得金碧辉煌。其中五世达赖的灵塔高达14.85米，当时为建造它，共花费白银104万两，并用去了11万两黄金和15000多颗珍珠、玛瑙、宝石等。十三世达赖的灵塔也高达14米，用去了1.9万两黄金。另外，五世达喇的灵塔里还有一颗大象脑里生成的比大拇指还大的珍珠。

　　布达拉宫宫宇叠砌，迂回曲折，同山体有机地融合，其13层主体自山脚向上，直至山顶。整体建筑主要由东部的白宫（历代达赖喇嘛居住的部分）、中部的红宫（佛殿及历代达赖喇嘛灵塔殿）及西部白色的僧房（为达赖喇嘛服务的亲信喇嘛居住处）组成。在红宫前还有一片白

色的墙面为晒佛台,这是每当佛教节庆之日,用以悬挂大幅佛像的
地方。

　　作为藏传佛教的圣地,每年到布达拉宫的朝圣者及旅游观光客总是
不计其数。他们一般由山脚无字石碑起,经过曲折的石质斜坡路,直达
绘有四大金刚巨幅壁画的东大门,并由此通过厚达4米的宫墙隧道进入
大殿。

　　在半山腰上,有一处约1600平方米的平台,这是历代达赖观看戏
剧和举行户外活动的场所,名为"德央厦"。由此扶梯而上经达松格廊
廊道,便到了白宫最大的宫殿东大殿。有史料记载,自1653年清朝顺
治皇帝以金册金印敕封五世达赖起,达赖转世都须得到中央政府正式册
封,并由驻藏大臣为其主持坐床、亲政等仪式。此处就是历代达赖兴行

布达拉宫之白宫外景

坐床、亲政大典等重大宗教、政治活动的场所。

　　白宫因外墙为白色而得名。它是达赖喇嘛生活、起居的场所，共有7层。最顶层是达赖的寝宫"日光殿"，殿内有一部分屋顶敞开，阳光可以射入，晚上再用篷布遮住，因此得名。日光殿分东西两部分，西日光殿（尼悦索朗列吉）是原殿，东日光殿（甘丹朗色）是后来仿造的，两者布局相仿，分别是十三世达赖和十四世达赖的寝宫，也是他们处理政务的地方。这里等级森严，只有高级僧俗官员才被允许进入。殿内包括朝拜堂、经堂、习经室和卧室等，陈设均十分豪华。

　　白宫在红宫的下方与扎厦相连。扎厦位于红宫西侧，是为布达拉宫服务的喇嘛们的居所，最多时居住着僧众25000多人。它的外墙都是白色，因此通常也被看做是白宫的一部分。

　　红宫位于布达拉宫的中央位置，外墙为红色。宫殿采用了曼陀罗式布局，围绕着历代达赖喇嘛的灵塔殿建造了许多经堂、佛殿，从而与白宫连为一体。

　　红宫最主要的建筑是历代达赖喇嘛的灵塔殿，共有5座，分别是五世、七世、八世、九世和十三世。各殿形制相同，但规模不等。其中最大的五世达赖灵塔殿（藏林静吉）殿高3层，由16根大方柱支撑，中央安放着五世达赖灵塔，两侧分别是十世和十二世达赖的灵塔。五世达赖灵塔殿的享堂西大殿（措钦鲁，亦名司西平措）是红宫中最大的殿堂，高6米多，面积达725.7平方米。殿内悬挂着乾隆皇帝亲书的"涌莲初地"匾额，下置达赖宝座。整个殿堂雕梁画栋，有壁画698幅，内容多与五世达赖的生平有关。在红宫的西部是十三世达赖灵塔殿（格来顿觉），建于1936年，是布达拉宫最晚的建筑。其规模之大也可与五世达赖灵塔殿相媲美，殿内除了灵塔，还供奉着一尊银造的十三世达赖像和一座用20万颗珍珠、珊瑚珠编成的法物"曼扎"。

　　红宫中的法王殿（曲结哲布）和圣者殿（帕巴拉康）相传都是吐蕃时期遗留下来的建筑。法王殿处在布达拉宫的中央位置，它的下面就是玛布日山的山尖。据说这里曾经是松赞干布的静修之所，现供奉着松赞干布、赤尊公主、文成公主以及大臣们的塑像。圣者殿则供奉着松赞干布的主尊佛——一尊由檀香木天然形成的观世音菩萨像。

红宫的屋顶平台上布满各灵塔殿的金顶，其以木制斗拱承托外檐，上覆鎏金铜瓦。顶端立有一大二小的三座宝塔，金光灿灿，分外耀眼。其屋顶外围的女墙用一种深紫红色的灌木垒砌而成，外缀各种金饰，墙顶立有巨大的鎏金宝幢和经幡，体现出强烈的藏式风格。

另外，红宫中还有一些宫殿也很重要。如三界兴盛殿（萨松朗杰），它是红宫最高的殿堂，藏有大量经书和清朝皇帝的画像；坛城殿（洛拉康）有3个巨大的铜制坛城（曼陀罗），供奉着密宗三佛；持明殿（仁增拉康）供有密宗宁玛派祖师莲花生及其化身像；世系殿（仲热拉康）供有金质的释迦牟尼十二岁像和银质五世达赖像，而十世达赖的灵塔也在此殿。

时至今日，布达拉宫这颗雪域高原的明珠，其巍峨挺拔的身姿和富丽堂皇的装饰不仅是藏族人民智慧和汗水的结晶，更是藏汉文化水乳交融的完美代表。

故 宫（中国）

　　故宫位于北京市中心，旧称紫禁城。为明、清两代的皇宫，是无与伦比的古代建筑杰作，也是世界现存最大、最完整的古建筑群，被誉为世界五大宫之首（北京故宫、法国凡尔赛宫、英国白金汉宫、美国白宫、俄罗斯克里姆林宫）。

　　故宫始建于 1406 年，1420 年基本竣工，由明朝皇帝朱棣始建。故宫南北长 961 米，东西宽 753 米，占地面积约为 71.25 万平方米。建筑

故宫全景

面积 15.5 万平方米。相传故宫一共有 9999.5 间房屋,而据 1973 年专家现场测量,故宫实际有大小院落 90 多个,房屋 980 座,共计 8707 间(而此"间"并非现今房间之概念,此处"间"指四根房柱所形成的空间)。宫城周围环绕着高 12 米、长 3400 米的宫墙,形式为一长方形城池,墙外有 52 米宽的护城河环绕,形成一个壁垒森严的城堡。故宫宫殿建筑均是以木结构、黄琉璃瓦顶、青白石底座,饰以金碧辉煌的彩画而成。故宫有 4 个门,正门名午门,东门名东华门,西门名西华门,北门名神武门。面对北门神武门,有用土、石筑成的景山,满山松柏成林。在整体布局上,景山可说是故宫建筑群的屏障。

故宫建成到 1911 年清宣统帝逊位的约 500 年间,历经了明、清两个朝代 24 位皇帝,是明清两朝最高统治核心的代名词。明清宫廷 500 多年的历史,包含了帝后活动、等级制度、权力斗争、宗教祭祀等内容。当时普通人连走近紫禁城墙附近的地方都算犯罪。由于明清宫廷是封建制度高度完备的最高统治中心,不寻常的大事,往往都是围绕皇权的传承与安危展开的。如明代正统皇帝复辟的夺门之变、嘉靖皇帝被宫女谋刺的壬寅宫变、万历四十三年梃击太子宫的"梃击案"、泰昌皇帝因服丹丸而死亡的"红丸案"、泰昌帝病死后围绕着新皇帝登极的"移宫"风波以及清初诸王公大臣为确立皇权的三官庙之争、清末慈禧太后谋取权力的辛酉政变等等。

1911 年辛亥革命后,紫禁城宫殿本应全部收归国有,但按照那时拟定的《清室优待条件》,逊帝爱新觉罗·溥仪被允许"暂居宫禁",即"后寝"部分。1924 年,冯玉祥发动"北京政变",将溥仪逐出宫禁,同时成立"清室善后委员会",接管了故宫。1925 年 10 月 10 日,故宫博物院正式成立,并对外开放。1925 年以后紫禁城才被称为"故宫"。随着清王朝的没落,特别是 1949 年前的 38 年中,故宫建筑日渐衰败,有多处宫殿群倒坍,垃圾成山。

1949 年中华人民共和国成立后,于 1961 年,国务院宣布故宫为第一批"全国重点文物保护单位",并从 20 世纪五六十年代起进行了大规模的修整。1988 年,故宫被联合国教科文组织列为"世界文化遗产"。

故宫严格地按《周礼·考工记》中"前朝后市,左祖右社"的帝都营建原则建造。整个故宫,在建筑布置上,用形体变化、高低起伏的手法,组合成一个整体。在功能上符合封建社会的等级制度,同时达到左右均衡和形体变化的艺术效果。中国建筑的屋顶形式是丰富多彩的,在故宫建筑中,不同形式的屋顶就有 10 种以上。以三大殿为例,屋顶各不相同。故宫建筑屋顶满铺各色琉璃瓦件,主要殿座以黄色为主。绿色用于皇子居住区的建筑。其他蓝、紫、黑、翠以及孔雀绿、宝石蓝等五色缤纷的琉璃,多用在花园或琉璃壁上。太和殿屋顶当中正脊的两端各有琉璃吻兽,稳重有力地吞住大脊。该吻兽造型优美,是构件又是装饰物。还有一部分瓦件塑造出龙凤、狮子、海马等立体动物形象,象征吉祥和威严,这些构件在建筑上起了装饰作用。

故宫前部宫殿建筑造型宏伟壮丽,庭院明朗开阔,象征封建政权的至高无上。太和殿坐落在紫禁城对角线的中心,四角上各有 1 只吉祥瑞兽,生动形象,栩栩如生。故宫的设计者认为这样可以显示皇帝的威严,以震慑天下。故宫后部内廷却要求庭院深邃,建筑紧凑,因此东西六宫都自成一体,各有宫门宫墙,相对排列,秩序井然,再配以宫灯联对,绣榻几床,体现了后宫的豪华生活。内廷之后是故宫后苑。后苑里有苍松翠柏和秀石迭砌的玲珑假山,楼、阁、亭、榭掩映其间,幽美而恬静。

故宫宫殿沿着一条南北向中轴线排列,三大殿、后三宫、御花园都位于这条中轴线上,并向两旁展开,其南北取直,左右对称。这条中轴线不仅贯穿在紫禁城内,而且南达永定门,北到鼓楼、钟楼,贯穿了整个城市,气魄宏伟,规划严整,极为壮观。

故宫是几百年前劳动人民智慧和血汗的结晶。据史料记载,其初建时被奴役的劳动者有工匠十万,夫役百万。同时,为了修建故宫,如所需的木材，在明代时，大多采自四川、广西、广东、云南、贵州等地，无数劳动人民被迫在崇山峻岭中的原始森林里伐运木材；所用石料多采自北京远郊和距京郊两三百里的山区，每块石料往往重达几吨甚至几十、几百吨，如现在保和殿后檐的台阶有一块云龙石雕重约 250 吨。

　　建筑学家们认为故宫的设计与建筑，实在是一个无与伦比的杰作，它的平面布局，立体效果，和形式上的雄伟、堂皇、庄严、和谐，以及建筑气势方面的雄伟、豪华壮丽，绝对是中国古代建筑艺术的精华。它标志着中国悠久的文化传统，显示着五百多年前的人们在建筑上的卓越成就。

　　故宫的正门叫"午门"，俗称五凤楼。东西北三面以 12 米高的城台相连，环抱一个方形广场，并建有城阙。午门是皇帝下诏书、下令出征的地方。每遇宣读皇帝圣旨，颁发年历书，文武百官都要齐集午

故宫 太和殿外景

门前广场听旨。午门当中的正门平时只有皇帝才可以出入，皇帝大婚时皇后进一次，殿试考中状元、榜眼、探花的三人可以从此门走出一次。除此以外，文武大臣进出只能走东侧门，宗室王公出入则只能走西侧门。

后门"神武门"，明朝时为"玄武门"。玄武为古代四神兽之一，从方位上讲，左青龙，右白虎，前朱雀，后玄武，玄武主北方，所以帝王宫殿的北宫门多取名"玄武"。清康熙年间因避讳其名"玄烨"而改称"神武门"。神武门也是一座城门楼形式，用的是最高等级的重檐庑殿式屋顶，但它的大殿只有五开间加围廊，没有左右向前伸展的两翼，所以在形制上要比午门低一个等级。神武门是宫内日常出入的门禁，现在为故宫博物院正门。

东华门与西华门遥相对应，门外设有下马碑石，门内金水河南北流

中和殿外景

向，上架石桥 1 座，桥北为 3 座门。东华门与西华门形制相同，都为平面矩形，红色城台，白玉须弥座，当中辟 3 座券门，券洞外方内圆。其城台上建有城楼，为黄琉璃瓦重檐庑殿顶，城楼面阔 5 间，进深 3 间，四周出廊。

在午门以内，有广阔的大庭院，当中有弧形的内金水河横亘东西，北面就是外朝宫殿的大门——太和门。金水河上有 5 座桥梁，装有白色汉白玉栏杆，随河宛转，形似玉带。

太和殿、中和殿、保和殿，统称三大殿（明朝称：奉天殿、华盖殿、谨身殿，嘉靖时改名：皇极殿、中极殿、建极殿。现名为清朝时名称）。这三座大殿是故宫中的主要建筑，它们高矮造型不同，屋顶形式也不同，显得丰富多样而不呆板。

太和殿，俗称"金銮殿"，高 35.05 米，东西长 63 米，南北长 35 米，面积约 2380 多平方米，是紫禁城诸殿中最大的一座，也是规格最

保和殿外景

高、最富丽堂皇的建筑。太和殿是五脊四坡大殿，从东到西有一条长脊，前后各有斜行垂脊两条，这样就构成五脊四坡的屋面，建筑术语上叫庑殿式。檐角有 10 个走兽，为中国古建筑之特例。太和殿有直径达 1 米的大柱 72 根，其中 6 根围绕御座的是沥粉金漆的蟠龙柱。殿内有沥粉金漆木柱和精致的蟠龙藻井，殿中间是封建皇权的象征——金漆雕龙宝座，设在殿内高 2 米的台上。御座前有造型美观的仙鹤、炉、鼎，背后是雕龙屏。太和殿是故宫中最大的木结构建筑，是故宫最壮观的建筑，也是中国最大的木构殿宇。整个大殿装饰得金碧辉煌，庄严绚丽。太和殿是皇帝举行重大典礼的地方；皇帝即位、生日、婚礼以及元旦庆祝等都在这里举行。

中和殿位于太和殿后，高 27 米，平面呈正方形，面阔、进深各为 3 间，四面出廊，以金砖铺地，建筑面积 580 平方米。中和殿为黄琉璃瓦单檐四角攒尖顶，正中有鎏金宝顶。四脊顶端聚成尖状，上安铜胎鎏金球形的宝顶，建筑术语上叫四角攒尖式。中和殿是皇帝去太和殿举行大典前稍事休息和演习礼仪的地方。皇帝在去太和殿之前先在此稍作停留，接受内阁大臣和礼部官员行礼，然后进太和殿举行仪式。另外，皇帝祭祀天地和太庙之前，也要先在这里审阅一下写有祭文的"祝版"，其在到中南海演耕前，也要在这里审视一下耕具。

保和殿也是故宫三大殿之一，在中和殿后。保和殿高 29 米，平面呈长方形，面阔 9 间，进深 5 间，建筑面积平方米，为黄琉璃瓦重檐歇山式屋顶。屋顶正中有一条正脊，前后各有 2 条垂脊，在各条垂脊下部再斜出一条岔脊，连同正脊、垂脊、岔脊共 9 条，建筑术语上叫歇山式。保和殿是每年除夕皇帝赐宴外藩王公的场所，也是科举考试举行殿试的地方。

太和殿和中和殿、保和殿都建在汉白玉砌成的 8 米高的工字形基台上，太和在前，中和居中，保和在后。其远望犹如神话中的琼宫仙阙。它们的基台为三层重叠，每层台上边缘都装饰有汉白玉雕刻的栏板、望柱和龙头。据统计，在 25000 平方米的台面上有透雕栏板 1415 块，雕刻云龙翔凤的望柱 1460 个，龙头 1138 个。用这样多的汉白玉装饰的基台，造型重叠起伏，是中国古代建筑上具有独特风格的装饰艺术。而这种装饰在结构功能上，又是台面的排水管道。在栏板地栿石下，刻有小洞口；在望柱下伸出的龙头也刻有小洞口。每到雨季，基台的雨水逐层由各小洞口下泄，水由龙头流出，千龙喷水，蔚为壮观。这是科学而又艺术的设计。

故宫建筑的后半部叫内廷，内廷宫殿的大门为乾清门，左右有琉璃照壁，门里是后三宫。内廷以乾清宫、交泰殿、坤宁宫为中心，东西两翼有东六宫和西六宫，是皇帝处理日常政务之处也是皇帝与后妃居住生活的地方。后半部在建筑风格上不同于前半部：前半部建筑形象是严肃、庄严、壮丽、雄伟，以象征皇帝的至高无上；后半部内廷则富有生活气息，建筑多是自成院落，有花园、书斋、馆榭、山石等。

乾清宫在故宫内庭最前面，是内廷正殿，高 20 米，重檐庑殿顶，殿的正中有宝座，内有"正大光明"匾。两头有暖阁。乾清宫是封建皇帝的寝宫。清康熙前此处为皇帝居住和处理政务之处。清雍正后皇帝移居养心殿，但仍在此批阅奏报，选派官吏和召见臣下。

坤宁宫在故宫"内庭"最后面，是明朝及清朝雍正帝之前的皇后寝宫，两头有暖阁。雍正后，西暖阁为萨满的祭祀地。其中东暖阁为皇帝大婚的洞房，康熙、同治、光绪三帝，均在此举行婚礼。

交泰殿在乾清宫和坤宁宫之间，含"天地交合、安康美满"之意。其建于明代，清嘉庆三年（1798 年）重修，是座四角攒尖，镀金宝顶，龙凤纹饰的方形殿。明、清时，该殿是皇后生日举办寿庆活动的地方。清代的"宝玺"（印章）也收藏在这里。

清朝自雍正之后养心殿成为皇帝在故宫内的实际居所。清同治年间慈禧、慈安二太后垂帘听政就在养心殿东暖阁。

在后三宫东西庑，还有为皇帝存储冠、袍、带、履的端凝殿和放置

故宫坤宁宫东暖阁

图书翰墨的懋勤殿。南庑有皇子读书的上书房，有翰林学士承值的南书房，以及管理宫廷日常生活的处所。此外还有左右对称的日精门、月华门、龙光门、凤彩门、基化门、端则门、隆福门、景和门等，分别通向妃子居住的东西六宫。这种左右对称的平面布局，也是中国古代建筑的特征之一。

内廷东侧的宁寿宫是当年乾隆皇帝宣布退位后当太上皇养老的皇宫，花费了 110 万两白银修建。

在坤宁宫北面的是御花园。御花园里有高耸的松柏、珍贵的花木、山石和亭阁。御花园原名宫后苑，占地 11000 多平方米，有建筑 20 余处。以钦安殿为中心，园林建筑采用主次相辅、左右对称的格局，布局紧凑、古典富丽。殿东北的堆秀山，为太湖石迭砌而成，上筑御景亭，有名为万春亭和千秋亭的两座亭子，可以说是目前保存的古亭中最为华丽的。

到故宫不仅可以欣赏丰富多彩的建筑艺术，还可以观赏陈列于室内的珍贵的文物。故宫博物院藏有大量珍贵文物，据统计总共达1052653件之多，统称有文物100万件，占全国文物总数的1/6。截至2005年12月31日，中国文物系统文物收藏单位馆藏一级文物的总数已达109197件，现已全部在国家文物局建档备案。在全国保存一级文物的1330个收藏单位中，故宫博物院以8273件（套）高居榜首，并收有很多绝无仅有的国宝。故宫的一些宫殿中设立了综合性的历史艺术馆、绘画馆、分类的陶瓷馆、青铜器馆、明清工艺美术馆、铭刻馆、玩具馆、文房四宝馆、玩物馆、珍宝馆、钟表馆和清代宫廷典章文物展览馆等。

　　故宫，是一座皇家宫殿，也是一座博物馆。它凝聚着近600年的宫廷变迁和人世沧桑，是中华几千年文明成果的积淀和展现，其厚重的内涵，不仅是中华民族文化、艺术和社会、历史的里程碑，也是人类珍贵的文化遗产。